상명대학교 한일문화연구소 번역총서 04

고등소학독본 4

일러두기

1. 이 책은 문부성文部省 총무국総務局 도서과図書課 소장판『고등소학독본高等小學讀本』 (1888, 문부성)을 완역한 것이다. 단, 누락된 페이지의 경우에는 문부성 편집국編集局 소장판을 저본으로 하였다.
2. 연구 자료로서의 가치를 높이기 위해 한국어 완역과 원문을 함께 실었다.
3. 국립국어원의 한글맞춤법과 외래어 표기법에 따랐다.
4. 일본어 문말 어미가 통일되어 있지 않은 경우, 문체의 일관성을 위해 한국어 번역에서는 통일했다.
5. 일본의 인명, 지명, 서적명 등은 일본식 음독과 원서의 표기를 따랐으나 이미 한국 내에서 통용중인 용어는 한국식 표기를 따랐다.
   예) 도쿄東京, 아시아亞細亞州, 오사카성大坂城
6. 중국의 인명, 지명, 서적명 등은 한국식 음독으로 표기했다.
7. 자연스러운 한국어역을 위해 원문에 없는 문장부호를 사용하였다.
8. 한자표기는 원문에 따랐다.
9. 낙자, 오식 등은 교정하여 번역하였다.
10. 서명은 『 』, 글의 제목은 「 」로 표시했다.
11. 연호는 서기연도연호로 표기하였다.
12. 지명과 인명의 초출 한자는 매 과마다 한 번씩 제시했다. 일반 어휘 중에서는 일본어 한자표기가 한국어 번역어와 차이가 있는 경우, 번역어라도 독자의 이해를 위한 경우에는 한자어를 병기했다.
13. 원문의 매 과 말미에 제시되는 난독 한자와 어휘의 주해는 본문 안에 *로 표기하였으나 해설과 단어가 같은 경우에는 해설을 생략하였다.
14. 도량형은 원문대로 명기한 후 현대의 도량법으로 환산하였다.
   예) 5~6정町(545~654m)

상명대학교 한일문화연구소 번역총서 04

高等小學讀本 4

이현진 옮김

경진출판

일본 문부성 『고등소학독본』

　　근대 일본은 메이지시대에 급격한 교육제도의 변화를 겪는다. 1872년 프랑스의 학구제를 모방해 지역을 나누어 교육기관을 설치하는 '학제(學制)'가 공포되자 적절한 교과서의 편찬은 급선무가 되었다. 당시에는 1860년대 미국의 초등교육 교재인 『Willson's Reader』를 번역하여[1] 교과서로 발행하는 등 서구의 교과서를 번역 출간하는 데 힘을 기울였고 당시의 지식인들에게도 서구의 지리나 근대과학을 소개하는 것이 계몽운동의 중요한 일 중 하나였기에 급속도로 번역교과서가 발행되었다. 그러나 1879년에 '학제'가 폐지되고 '교육령(敎育令)'이 공포되면서 교과서는 새로운 전기를 맞이한다. 문부성의 관리이자 이와쿠라(岩倉) 사절단의 일원인 다나카 후지마로(田中不二麻呂)가 미국을 다녀온 뒤 교육의 권한을 지방으로 위탁해야 한다고 주장한 것이다. 이에 '교육령' 공포로 인해 지방의 교육 권한이 대폭 강화되었다. 아직 성숙한 교육시스템이 정착되지 않았던

---

1) 한국의 『Willson's Reader』와 연관한 선행연구로는 『국민소학독본』의 과학사적 내용을 비교, 검토한 연구가 있다(박종석·김수정(2013), 「1895년에 발간된 『국민소학독본』의 과학교육사적 의의」, 『한국과학교육학회지』 33호). 1895년 5월 1일 외부대신 김윤식이 주일공사관 사무서리 한영원에게 일본의 심상사범학교와 고등사범학교의 교과서를 구득하여 보낼 것(舊韓國外交文書 3 日案 3623號 高宗 32年 5月 1日)을 지시한 것으로 미루어보아 Willson's Reader를 참고한 일본의 『고등소학독본』을 그 저본으로 삼은 것을 알 수 있다.

일본에서 오히려 이 교육령으로 인해 학제가 구축해놓은 질서가 붕괴되자 많은 비난이 일었다. 그러자 그 1년 뒤인 1880년 '개정교육령'이 공포되고, 그 해 3월에 문부성이 편집국을 설치하고 교과서로 부적당하다고 판단되는 것은 부현(府県)에 통지하여 사용을 금지했다. 1883년에는 교과서 인가제도가 시행되어 문부성의 인가를 얻어야만 교과서로 사용할 수 있게 되었다. 1885년에는 초대 문부대신 모리 아리노리(森有礼)가 취임하여 1886년 3월 제국대학령(帝國大學令), 4월 사범학교령(師範學校令), 소학교령(小學校令), 중학교령(中學校令)을 연이어 공포함으로써 근대학교제도의 기반을 확립했으며, 1887년부터 '교과용도서 검정규칙(教科用圖書檢定規則)'[2]을 시행함으로써 교과서의 검정제도가 시작되기에 이른다.

1886년에 제1차 소학교령[3] 공포로 소학교를 심상소학교(尋常小學校)와 고등소학교(高等小學校)의 두 단계로 하여 각각 4년씩 총 8년의 초등교육을 시행하게 된다. 이 시기에 문부성에서 발간한 3가지 독본이 『독서입문(読書入門)』(1권), 『심상소학독본(尋常小學読本)』(7권), 『고등소학독본(高等小学読本)』(8권 예정, 7권 편찬)이다. 다른 교과서는 공모를 통해 출간하는 경우도 있었으나 이 세 독본은 문부성에서 직접 발간했는데, 이는 검정 시기 민간 교과서에 하나의 표준을 보여주기 위해 편찬한 것으로 독본의 출판을 통해 교과서의 개선을 도모하려고 한 것을 알 수 있다.

---

2) 1887년 5월 7일 관보를 살펴보면 검정규칙의 취지는 교과용 도서로 사용하는데 폐해가 없다는 것을 증명하는 데 있으며 문부성에서 교과용 도서에 대한 허가를 반드시 받아야 함을 명시하고 있다(第1條 教科用圖書ノ検定ハ止タ圖書ノ教科用タルニ弊害ナキコトヲ證明スルヲ旨トシ其教科用上ノ優劣ヲ問ハサルモノトス).

3) 1886년 4월 10일 관보(官報)의 '소학교령'을 살펴보면 제1조에 심상소학, 고등소학 2단계 설치를 명시하고 있다(第1條 小學校ヲ分チテ高等尋常ノ二等トス). 그 이전에는 1881년 '소학교교칙강령(小學校教則綱領)'에 의해 초등, 중등, 고등의 3단계 교육을 실시하였다(第1條 小學科を分て初等中等高等の三等とす).

1888년에 일본 문부성에서 펴낸『고등소학독본』은 1887년에 간행된『심상소학독본』의 학습을 마친 뒤 연계하여 교육하는 교과서로 당초 총 8권을 발행할 예정이었으나, 1890년 10월 제2차 '소학교령(小学校令)'[4]의 개정과 '교육칙어(教育勅語)'[5]의 공포로 인해 편집방침이 바뀌면서 1889년 10월 제7권의 간행을 마지막으로 중단되었다.[6] 여기에는 '소학교의 학과 및 그 정도(小學校ノ學科及其程度)'[7]에 따라 소학교 교과서에 이과(理科) 과목이 새롭게 실렸다. 또한, 검정제도를 구체화한 법규들이 공포된 뒤에 간행된 교과서로, 서양의 실용주의적 학문을 받아들이려 했던 당시의 교육 근대화 및 교육사를 연구하는 데 매우 중요하다고 할 수 있다.

〈표 1〉『고등소학독본』편찬 시기 주요 사항

날짜	교육 관련 법규
1879년	'학제' 폐지, '교육령' 공포
1880년	'개정교육령' 공포
1880년 3월	문부성 편집국 설치, 교과서 편찬 착수
1881년	소학교교칙강령
1883년	문부성 교과서 인가제도

---

4) 소학교의 교육 목적을 아동신체의 발달에 유의하여 도덕교육 및 국민 교육의 기초 그리고 그 생활에 필수가 되는 지식, 기능의 전수를 취지로 삼았으며, 의무교육인 심상소학교의 수업연한을 3년 또는 4년으로 했다. 고등소학교의 수업연한을 2~4년으로 했다.
5) '교육에 관한 칙어(교육칙어)'는 1890년 10월 30일 궁중에서 메이지(明治)천황이 야마가타 아리토모(山縣有朋) 내각총리대신과 요시카와 아키마사(芳川顯正) 문부대신에게 내린 칙어이다. 이는 메이지유신 이후 일본제국에서 수신, 도덕교육의 근본규범이 되었다.
6)『고등소학독본』서언에 '이 책은 본국(本局)에서 편찬한 심상소학독본에 이어 고등소학과 1학년 초부터 4학년 말까지의 아동들에게 독서를 가르칠 용도로 제공하기 위해 편찬한 것으로 모두 8권으로 이루어져있다.'라 명시하고 있다.
7) 수신, 독서, 작문, 습자, 지리, 역사, 이과의 학습 내용 및 학습 정도를 명기하고 있는데 그 이전에 공포되었던 '소학교교칙강령'과 비교해보면 이 중 이과는 신설된 것으로 그 이전까지는 물리, 화학, 박물, 생리로 나뉘어 있었다.

날짜	교육 관련 법규
1885년	모리 아리노리 초대 문부대신 취임
1886년	교과서 검정제도
1886년 4월	소학교령(1차)
1886년 5월	'교과용도서검정조례', '소학교 학과 및 그 정도'
1887년 3월	공사립소학교 교과용도서 선정방법
1887년 5월	교과용도서검정규칙
1887년	『심상소학독본』 편찬
1888년	『고등소학독본』 편찬
1889년	'대일본제국헌법' 발포
1890년	소학교령(2차)

『고등소학독본』은 일본의 고등소학교용 국어독본이다. 고등소학(高等小學)은 1886년부터 1941년까지 설치된 교육기관으로 심상소학교(尋常小学校)를 졸업한 사람이 다녔던 학교 기관이다. 오늘날의 학제로 말하자면 초등학교 고학년에서 중학교에 해당되는 것이라 할 수 있다. 『고등소학독본』은 『심상소학독본』에 비해 수준이 높은 문장으로 쓰여 있으며 문어체 문장이 주류를 이룬다.[8] 표기는 대부분 한자와 가타가나(カタカナ)이며, 한시는 한문으로, 운문은 히라가나(平仮名)로 표기했다. 인쇄도 근대적인 명조체의 활자체로 통일되어 있다. 총7권으로, 다음 〈표 2~8〉[9]과 같이 1권 37과, 2권 34과, 3권 36과, 4권 35과, 5권 37과, 6권 36과, 7권 36과로 총7권 251개과

---

8) 1886년 5월 제정 '소학교의 학과 및 그 정도' 제10조 '독서' 규정에 '심상소학과에서는 가나, 가나 단어, 단구(短句), 간소한 한자가 혼용된 단구 및 지리·역사·이과의 사항을 넣은 한자혼용문, 고등소학과에서는 다소 이것보다 높은 수준의 한자혼용문'으로 되어 있다(『官報』, 1886년 5월 25일, 1면).

9) 제재 분류는 가이 유이치로(甲斐雄一郎, 2006), 「제1기 국정국어교과서 편찬방침의 결정방침에 관한 조사연구(第一期国定国語教科書の編集方針の決定過程についての調査研究)」의 분류에 따라 지리교재(일본지리, 외국지리), 역사교재(고대, 중세, 근세, 근대), 이과교재(식물, 동물, 광석, 생리, 자연·천문, 물리), 실업교과 교재(농업, 상업, 공업, 무역), 국민교과 교재(황실, 군사, 제도 등), 기타(수신, 설화, 자연)로 나누어 작성하였다.

로 구성되어 있다.

〈표 2〉『고등소학독본』권1 단원 구성

단원	단원명(원제)	단원명(한국어 번역)	제재
1	吾国	우리나라	지리(일본)
2	知識ヲ得ルノ方法	지식을 얻는 방법	기타(수신)
3	子鹿ノ話	아기사슴 이야기	기타(수신)
4	都会	도회	지리(일본)
5	東京	도쿄	지리(일본)
6	兄ノ親切	오빠의 친절	이과(식물)
7	吾家	우리집	기타(수신)
8	日本古代ノ略説	일본 고대의 개요	역사(일본고대)
9	京都	교토	지리(일본)
10	日本武尊ノ武勇	야마토 다케루노미코토의 용맹	역사(일본고대)
11	一滴水ノ話	한방울의 물 이야기	이과(자연)
12	閨の板戸	침실의 널문	기타(수신)
13	日本武尊ノ東夷征伐	야마토 타케루노미코토의 오랑캐 정벌	역사(일본고대)
14	木炭	목탄	실업
15	大江某ノ話	오오에 아무개의 이야기	기타(수신)
16	商売及交易	상업 및 교역	국민
17	大阪	오사카	지리(일본)
18	上古ノ人民一	상고시대 사람들1	역사(일본고대)
19	上古ノ人民二	상고시대 사람들2	역사(일본고대)
20	栄行ク御代	번영해가는 천황의 치세	기타(수신)
21	雞ノ話	닭 이야기	이과(동물)
22	海岸	해안	지리
23	横濱	요코하마	지리(일본)
24	菜豆	까치콩	이과(식물)
25	三韓ノ降服	삼한의 항복	역사(일본고대)
26	時計	시계	이과(물리)
27	犬ノ話	개 이야기	이과(동물)
28	雲ト雨トノ話	구름과 비의 이야기	이과(자연)
29	雲	구름	기타(자연)
30	文學ノ渡来	문학의 도래	역사(일본고대)

단원	단원명(원제)	단원명(한국어 번역)	제재
31	海中ノ花園	바다 속 화원	이과(동물)
32	長崎一	나가사키1	지리(일본)
33	長崎二	나가사키2	지리(일본)
34	長崎三	나가사키3	지리(일본)
35	書籍	서적	기타(수신)
36	茶ノ話	차 이야기	이과(식물)
37	手ノ働	손의 기능	이과(생리)

〈표 3〉『고등소학독본』 권2 단원 구성

단원	단원명(원제)	단원명(한국어 번역)	제재
1	皇統一系	황통일계	국민
2	神器國旗	신기와 국기	국민
3	兵庫神戶	효고와 고베	지리(일본)
4	火ノ話	불 이야기	이과(물리)
5	佛法ノ渡来	불법의 도래	역사(일본고대)
6	猫ノ話	고양이 이야기	이과(동물)
7	怨ニ報ユルニ德ヲ以テス	원수를 덕으로 갚다	기타(수신)
8	新潟	니가타	지리(일본)
9	氷ノ話	얼음이야기	이과(물리)
10	藤原氏一	후지하라 가문1	역사(일본고대)
11	藤原氏二	후지하라 가문2	역사(일본고대)
12	虎ノ話	호랑이 이야기	이과(동물)
13	上毛野形名ノ妻	감즈케누노 가타나의 아내	역사(일본고대)
14	函館	하코다테	지리(일본)
15	木綿	목면	이과(식물)
16	後三條天皇	고산조 천황	역사
17	狼ノ話	늑대 이야기	이과(동물)
18	金澤 金沢	가나자와	지리(일본)
19	砂糖ノ製造	설탕의 제조	실업
20	根ノ話	뿌리 이야기	이과(식물)
21	遣唐使	견당사	역사(일본고대)
22	山ト河トノ話	산과 강 이야기	기타(수신)
23	象ノ話一	코끼리 이야기1	이과(동물)

단원	단원명(원제)	단원명(한국어 번역)	제재
24	象ノ話二	코끼리 이야기2	이과(동물)
25	名古屋	나고야	지리(일본)
26	植物ノ增殖 增殖	식물의 증식	이과(식물)
27	恩義ヲ知リタル罪人	은혜와 신의를 아는 죄인	기타(설화)
28	留學生	유학생	역사(일본고대)
29	仙臺 仙台	센다이	지리(일본)
30	葉ノ形狀	잎의 형상	이과(식물)
31	僧空海ノ傳	승려 구카이 전	역사(일본고대)
32	二ツノ息一	두 가지 숨1	이과(생리)
33	二ツノ息二	두 가지 숨2	이과(생리)
34	奇妙ナ菌	기묘한 버섯	이과(식물)

〈표 4〉『고등소학독본』 권3 단원 구성

단원	단원명(원제)	단원명(한국어 번역)	제재
1	親切ノ返報	친절에 대한 보답	기타(설화)
2	中世ノ風俗一	중세의 풍속1	역사(일본중세)
3	中世ノ風俗二	중세의 풍속2	역사(일본중세)
4	獅子	사자	이과(동물)
5	植物ノ變化	식물의 변화	이과(식물)
6	保元平治ノ亂	호겐의 난, 헤이지의 난	역사(일본중세)
7	古代ノ戰爭一	고대의 전쟁1	역사(일본중세)
8	古代ノ戰爭二	고대의 전쟁2	역사(일본중세)
9	太平ノ曲	태평곡	국민
10	鯨獵	고래잡이	이과(동물)
11	廣島	히로시마	지리(일본)
12	鹿谷ノ軍評定	시카타니의 군 작전회의	역사(일본중세)
13	空氣	공기	이과(물리)
14	植物ノ睡眠	식물의 수면	이과(식물)
15	源賴政兵ヲ起ス	미나모토노 요리마사의 거병	역사(일본중세)
16	渡邊競ノ話	와타나베 기오의 이야기	역사(일본중세)
17	水ノ作用	물의 작용	이과(물리)
18	和歌山	와카야마	지리(일본)
19	駱駝	낙타	이과(동물)

단원	단원명(원제)	단원명(한국어 번역)	제재
20	陶器ノ製法	도기의 제조법	실업
21	源賴朝ノ傳一	미나모토노 요리토모 전1	역사(일본중세)
22	源賴朝ノ傳二	미나모토노 요리토모 전2	역사(일본중세)
23	賴朝ヲ論ズ	요리토모를 논하다	역사(일본중세)
24	花ノ形狀	꽃의 형상	이과(식물)
25	鹿兒島	가고시마	지리(일본)
26	鳥ノ話	새 이야기	이과(동물)
27	兵權武門二歸ス	병권이 무가로 돌아오다	역사(일본중세)
28	鎌倉時代ノ槪說一	가마쿠라시대 개설1	역사(일본중세)
29	鎌倉時代ノ槪說二	가마쿠라시대 개설2	역사(일본중세)
30	果實ノ話	과실 이야기	이과(식물)
31	駝鳥	타조	이과(동물)
32	老農ノ談話	늙은 농부의 말	기타(수신)
33	小枝	잔가지	기타(수신)
34	氣管及食道	기관 및 식도	이과(생리)
35	風船ノ話	기구 이야기	이과(물리)
36	仲國勅使トシテ小督局ヲ訪フ	나카쿠니가 칙사로서 고고노 쓰보네를 방문하다	역사(일본중세)

〈표 5〉 『고등소학독본』 권4 단원 구성

단원	단원명(원제)	단원명(한국어 번역)	제재
1	狩野元信ノ話	가노 모토노부 이야기	기타(수신)
2	勉强	공부	기타(수신)
3	勸學の歌	권학의 노래	기타(수신)
4	北條泰時ノ傳一	호조 야스토키 전1	역사(일본중세)
5	北條泰時ノ傳二	호조 야스토키 전2	역사(일본중세)
6	氣候ノ話	기후 이야기	이과(자연)
7	條約國	조약국	지리(세계)
8	北京	베이징	지리(세계)
9	鰐魚	악어	이과(동물)
10	知識ノ話	지식 이야기	기타(수신)
11	北條時賴ノ行脚	호조 도키요리의 행각	역사(일본중세)
12	亞米利加發見一	아메리카 발견1	지리(세계)

단원	단원명(원제)	단원명(한국어 번역)	제재
13	亞米利加發見二	아메리카 발견2	지리(세계)
14	海狸	비버	이과(동물)
15	寒暖計	온도계	이과(물리)
16	桑方西斯哥	샌프란시스코	지리(세계)
17	油ノ種類	기름의 종류	이과(식물)
18	蒙古來寇	몽골 침입	역사(일본중세)
19	蒙古來	몽골군이 오다	역사(일본중세)
20	風ノ原因一	바람의 원인1	이과(자연)
21	風ノ原因二	바람의 원인2	이과(자연)
22	通氣	통기	이과(생리)
23	漆ノ話	옻 이야기	실업
24	大塔宮	다이토노미야	역사(일본중세)
25	節儉	검약	기타(수신)
26	泳氣鐘	영기종	이과(물리)
27	楠正成ノ忠戰	구스노키 마사시게의 충전	역사(일본중세)
28	皇國の民	황국의 백성	국민
29	紐約克	뉴욕	지리(세계)
30	北條氏ノ滅亡	호조가문의 멸망	역사(일본중세)
31	安東聖秀ノ義氣	안도 쇼슈의 의기	역사(일본중세)
32	動物ノ天性	동물의 천성	이과(동물)
33	楠正成ノ遺誡	구스노키 마사시게의 유훈	역사(일본중세)
34	俊基關東下向	도시모토, 간토로 내려가라	역사(일본중세)
35	佐野天德寺琵琶ヲ聽ク	사노 덴토쿠지가 비파를 듣다	역사(일본중세)
36	一塊ノ石	한 덩어리의 돌	이과(광물)

〈표 6〉『고등소학독본』 권5 단원 구성

단원	단원명(원제)	단원명(한국어 번역)	제재
1	貨幣ノ必要	화폐의 필요	국민
2	貨幣ヲ論ズ	화폐를 논하다	국민
3	殊勝ナル小童ノ成長シテ殊勝ナル人ト爲リタル話一	뛰어난 아이가 성장해서 뛰어난 사람이 된 이야기1	기타(설화)
4	殊勝ナル小童ノ成長シテ殊勝ナル人ト爲リタル話二	뛰어난 아이가 성장해서 뛰어난 사람이 된 이야기2	기타(설화)

단원	단원명(원제)	단원명(한국어 번역)	제재
5	足利時代ノ概說一	아시카가(무로마치)시대 개론1	역사(일본중세)
6	足利時代ノ概說二	아시카가(무로마치)시대 개론2	역사(일본중세)
7	足利時代ノ概說三	아시카가(무로마치)시대 개론3	역사(일본중세)
8	コルクノ話	코르크 이야기	이과(식물)
9	波士敦	보스턴	지리(세계)
10	槓杆	지렛대	이과(물리)
11	苦學ノ結果一	고학의 결과1	기타(설화)
12	苦學ノ結果二	고학의 결과2	기타(설화)
13	潮汐	조석	이과(자연)
14	蜂房	벌집	이과(동물)
15	吸子	흡착기	이과(물리)
16	武人割據	무인 할거	역사(일본중세)
17	咏史二首	영사(詠史) 2수	역사(일본중세)
18	費拉特費	필라델피아	지리(세계)
19	子ヲ奪ハレタル話	아이를 빼앗긴 이야기	기타(설화)
20	貨幣ノ商品タルベキ價格	상품의 적절한 화폐가격	국민
21	貨幣鑄造	화폐주조	국민
22	武田信玄	다케다 신겐	역사(일본중세)
23	貧人及富人一	가난한 사람과 부자1	기타(수신)
24	貧人及富人二	가난한 사람과 부자2	기타(수신)
25	日月ノ蝕	일식과 월식	이과(자연)
26	ポンプ	펌프	이과(물리)
27	上杉謙信	우에즈키 겐신	역사(일본중세)
28	咏史二首頼襄	영사 2수	역사(일본중세)
29	合衆國ノ鑛業	합중국의 광업	지리(세계)
30	貨幣ハ勤勞ヲ交換スル媒介ナリ	화폐는 근로를 교환하는 매개	국민
31	元素	원소	이과(물리)
32	毛利元就	모리 모토나리	역사(일본중세)
33	瓦斯	가스	이과(물리)
34	時間ヲ守ル可シ	시간을 지켜야한다	기타(수신)
35	目ノ話	눈 이야기	이과(생리)

〈표 7〉『고등소학독본』권6 단원 구성

단원	단원명(원제)	단원명(한국어 번역)	제재
1	家僕ノ忠愛	하인의 충정	기타(설화)
2	洋流	해류	이과(자연)
3	織田豊臣時代ノ概説一	오다·도요토미시대 개설1	역사(일본중세)
4	織田豊臣時代ノ概説二	오다·도요토미시대 개설2	역사(일본중세)
5	織田豊臣時代ノ概説三	오다·도요토미시대 개설3	역사(일본중세)
6	資本	자본	국민
7	熱	열	이과(물리)
8	倫敦 ロンドン	런던	지리(세계)
9	豊臣秀吉ノ傳一	도요토미 히데요시 전1	역사(일본중세)
10	豊臣秀吉ノ傳二	도요토미 히데요시 전2	역사(일본중세)
11	秀吉ヲ論ズ	히데요시를 논하다	역사(일본중세)
12	芒鞋奴	신발 신겨주는 노비	역사(일본중세)
13	蒸氣機關	증기기관	이과(물리)
14	ステブソソノ傳一	스티븐슨 전1	역사(세계사)
15	ステブソソノ傳二	스티븐슨 전2	역사(세계사)
16	價ノ高低	가치의 높고 낮음	국민
17	英吉利ノ商業一	영국의 상업1	지리(세계)
18	英吉利ノ商業二	영국의 상업2	지리(세계)
19	關原ノ戰一	세키가하라 전투1	역사(일본중세)
20	關原ノ戰二	세키가하라 전투2	역사(일본중세)
21	巴黎	파리	지리(세계)
22	德川家康ノ傳一	도쿠가와 이에야스 전1	역사(일본근세)
23	德川家康ノ傳二	도쿠가와 이에야스 전2	역사(일본근세)
24	德川家康ノ行状	도쿠가와 이에야스의 행적	역사(일본근세)
25	佛蘭西ノ工業	프랑스의 공업	지리(세계)
26	電氣	전기	이과(물리)
27	電光	번갯불	이과(자연)
28	フランクリンノ傳	프랭클린 전	역사(세계사)
29	職業ノ選擇	직업의 선택	국민
30	石田三成ノ傳	이시다 미쓰나리 전	역사(일본중세)
31	伯林	베를린	지리(세계)
32	光線ノ屈折	광선의 굴절	이과(물리)
33	儉約ノ戒	검약의 훈계	기타(수신)

단원	단원명(원제)	단원명(한국어 번역)	제재
34	林羅山ノ傳	하야시 라잔 전	역사(일본근세)
35	太陽系	태양계	이과(천문)
36	理學上ノ昔話	이학의 옛이야기	이과(물리)
37	日射力及其事業	태양열과 그 사업	이과(자연)

〈표 8〉『고등소학독본』권7 단원 구성

단원	단원명(원제)	단원명(한국어 번역)	제재
1	天然ノ利源	천연 이원	국민
2	德川氏ノ政治一	도쿠가와가문의 정치1	역사(일본근세)
3	德川氏ノ政治二	도쿠가와가문의 정치2	역사(일본근세)
4	月ノ話	달 이야기	이과(천문)
5	耶蘇敎ノ禁	예수교의 금지	역사(일본근세)
6	維也納	빈	지리(세계)
7	顯微鏡	현미경	이과(물리)
8	德川光圀ノ傳	도쿠가와 미쓰쿠니 전	역사(일본근세)
9	恆星ノ話	항성 이야기	이과(천문)
10	望遠鏡	망원경	이과(물리)
11	熊澤蕃山ノ傳	구마자와 반잔 전	역사(일본근세)
12	羅馬一	로마1	지리(세계)
13	羅馬二	로마2	지리(세계)
14	德川時代ノ風俗一	도쿠가와시대의 풍속1	역사(일본근세)
15	德川時代ノ風俗二	도쿠가와시대의 풍속2	역사(일본근세)
16	新井白石ノ傳	아라이 하쿠세키 전	역사(일본근세)
17	洋學興隆	양학의 융성	역사(일본근세)
18	聖彼得堡一	페테르부르크1	지리(세계)
19	聖彼得堡二	페테르부르크2	지리(세계)
20	流星ノ話	유성 이야기	이과(천문)
21	萬物ノ元素	만물의 원소	이과(물리)
22	世界ノ周航一	세계 항해 1	지리(세계)
23	世界ノ周航二	세계 항해 2	지리(세계)
24	外國交通一	외국과의 교역1	역사(일본근세)
25	外國交通二	외국과의 교역2	역사(일본근세)
26	伊能忠敬ノ傳一	이노 다다타카 전1	역사(일본근세)

단원	단원명(원제)	단원명(한국어 번역)	제재
27	伊能忠敬ノ傳二	이노 다다타카 전2	역사(일본근세)
28	世界ノ周航續一	세계 항해 속편1	지리(세계)
29	世界ノ周航續二	세계 항해 속편2	지리(세계)
30	佐藤信淵ノ傳	사토 노비히로 전	역사(일본근세)
31	貧困ノ原因	빈곤의 원인	기타(수신)
32	彗星ノ話	혜성 이야기	이과(천문)
33	明治時代文武ノ隆盛	메이지시대 문무의 융성	역사(일본근대)
34	酒ヲ節スベシ	술을 절제해야 한다	이과(생리)
35	近世ノ文明一	근세의 문명1	역사(일본근대)
36	近世ノ文明二	근세의 문명2	역사(일본근대)

『고등소학독본』의 편집 방침은 크게 두 가지로 나눌 수 있다. 첫 번째는 '순차적인 학습'이며, 두 번째로는 '국가주의'적 교육방침이다. 『고등소학독본』의 편집책임자인 이사와 슈지(伊沢修二)[10]는 문부성의 교과서 편집국장으로 자신의 교육 철학을 여러 권 출간하기도 하였는데, 1875년에 발간된 『교육진법(教授真法)』[11] 제3장 '학과의 순서'에서 순차적인 학습을 강조하며 "교사인 자는 먼저 유생(幼生)의 교육에 자연의 순서가 있다는 것을 아는 것이 중요하다. 만일 그 순서를 잘못하여 해가 생길 때에는 그에 대한 책망을 받아야할 것이다"[12]라고 언급하고 있다. 『고등소학독본』 서문에도 '이 책을

---

10) 1851~1917. 일본의 교육자. 문부성에 출사한 뒤 1875년 미국으로 유학을 가 음악, 이화학, 지질연구 등 다양한 학문을 공부하였다. 모리 아리노리가 문부대신이 된 이후에는 교과서 편찬에 몰두하여 국가주의적 교육의 실시를 주장하는 한편 진화론을 일본에 소개하는 등 다방면에서 활약하였다. 또한 타이완에서 일본어 교재를 출판하는 등 식민지 언어교육에도 관여하였다. 대표 저서로는 『学校管理法』(白梅書屋, 1882), 『教育学』(丸善商社, 1883) 등이 있다.

11) 1875년에 David Perkins Page의 저작을 편역해 출간된 것으로, 제3장 '학과의 순서'는 제1절 실물과, 제2절 독법, 제3절 미술, 제4절 지리학, 제5절 역사학, 제6절 습자, 제7절 작문, 제8절 생리학으로 구성되어 있고 교수요령 뒤에 질문과 답을 제시해 실제 교육현장에 적용할 수 있도록 배려한 선구적인 교육서라고 할 수 있다.

12) 太闢·百爾金士·白日(ダビッド·ペルキンス·ページ) 저, 伊沢修二 편역(1875), 『教授真

학습하는 아동은 지식이 점차 발달하게 되므로 그 제재도 이에 따라 고상(高尙)한 사항을 선택해야만 한다. 또한 언어, 문장을 가르치는 목적은 제반 학술, 공예의 단서를 여는데 있으며, 그 제재가 점차 복잡해지는 것은 자연스런 순서이다. 고로 이 책 안에는 수신, 지리, 역사, 이과 및 농공상의 상식에 필요한 사항 등을 그 주제의 난이도에 따라 번갈아 제시하였다'라고 되어 있다. 실제로 〈표 2~8〉에서 나타나듯이 3권 이후에는『센페이세이스이키(源平盛衰記)』,[13]『슨다이자쓰와(駿台雜話)』,[14]『태평기(太平記)』[15] 등의 고전을 제재로 한 단원을 싣는 등 난이도가 높아지고 있다.

이사와 슈지는『고등소학독본』을 출간한 뒤 국민교육사(國民敎育社)[16]를 설립하여 사장에 취임하고 '국가주의'적인 교육방침을 전면에 내세워 '교육칙어'의 보급과 수신교과서의 편찬에도 앞장섰다. 이러한 그의 교육사상은 이미『고등소학독본』에 잘 드러난다고 할 수 있다.

만세일계(萬世一系)의 천황(天子)이 이를 잘 다스리셔 2천년 남짓 이어져오는 나라는 우리나라 밖에 없다. 우리들은 이러한 나라에 태어났으며 그리하여 오늘날 만국과 부강을 견줄 시기에 들어섰다. 따라서 이

法』卷之一, 25쪽.

13) 가마쿠라시대에 만들어졌으며, 1161년부터 1183년까지 20여 년간의 미나모토 가문(源氏)·다이라 가문(平家)의 성쇠흥망을 백수십 항목, 48권에 걸쳐 자세히 다룬 전쟁에 관한 이야기(軍記物語)이다.

14) 에도시대 중기의 수필집. 5권. 1732년 성립되었으며 제자들과 무사도를 고취하기 위해 나눈 이야기를 수록한 것이다.

15) 작자와 성립 시기 미상. 남북조 시대의 전쟁에 관한 이야기(軍記物語)로 전 40권으로 이루어졌다.

16) 1890년 5월에 설립한 단체로 '충군애국의 원기를 양성, 알리기 위한 것'(국가교육사요령 1항)을 목적으로 했다. 山本和行(2008),「台湾総督府学務部の人的構成について: 国家教育社との関係に着目して」,『京都大学大学院教育学研究科紀要』, 54쪽 참조.

제국의 신민인 우리들이 의무를 다하려면 오로지 힘을 다해 학문을 해야 한다.17)

위의 인용문은 『고등소학독본』의 제1권 제1과 '우리나라(吾國)'의 두 번째 문단으로 역성혁명 없이 2천 년간 지속된 일본 역사의 존귀함을 역설하며 천황의 은혜 속에 신민의 의무를 다해야 하는 시기임을 주장하고 있다. 또한 편집자가 서문에서 "아동으로 하여금 황실을 존경하고 국가를 사랑하는 지기(志氣)를 함양하는 것이 주된 목적"18)이라고 명확히 밝히고 있는 바와 같이 『고등소학독본』은 황실중심의 국가관이 충분히 반영된 교과서라고 할 수 있을 것이다.

『고등소학독본』의 내용은 〈표 2~8〉에서 보듯이 그 제재를 국민·역사·이과·지리·기타로 나누어 다루었으며, 그 중 역사는 일본고대·일본중세·일본근세·일본근대와 같이 시대별로, 이과는 식물·동물·광물·물리·자연·천문으로, 지리는 일본지리와 세계지리로, 기타는 수신·언어·설화·가정·서간·잡류로 세분화 할 수 있다. 본서의 서언에 각 제재와 교육 목표에 대한 자세히 언급이 되어 있다. 즉, '국민'은 '제조 기술, 경제 원리 등은 아동이 훗날 상공인이 되었을 때 알아야 할 사항'을 다루고 있으며, 그 내용은 '군(郡), 시(市), 부(府), 현(縣), 경찰, 중앙정부의 조직부터 법률의 대략적인 것에 이르기까지의 사항은 우리나라 사람이 일반적으로 알아야 할 것이므로, 아동의 지식, 발달의 정도를 참작하여 이를 기술함으로써 훗날 국가에 대해 다해야 할 본분을 알게 되기를 기대한다'고 서술하고 있다. '역사'는 '이 나라 고금의 저명한 사적에 대해 기술함으로써 아

---

17) 『高等小學讀本』 卷1, 1~2쪽.
18) 「緒言」, 『高等小學讀本』 卷1, 3쪽.

동으로 하여금 황실을 존경하고 국가를 사랑하는 지기(志氣)를 함양'을 목적으로 하고 있으며, '지리'는 '이 나라의 유명한 도부(都府), 경승지 등의 기사를 비롯하여, 우리나라와 친밀한 관계에 있는 중국, 구미 여러 나라의 대도시들의 정황을 간략하게 설명'하고 있다. 이어서 '이과'는 '초목(草木), 조수(鳥獸) 등의 특성 및 인간의 삶에 필요한 것이므로, 물리, 화학의 개요를 해설'하며, '오늘날에 있어 필요한 모든 힘, 모든 기계가 발명된 전말, 발명자의 전기(傳記) 등을 기술하여 아동이 분발하고자 하는 마음을 일으키도록 힘썼다'라고 밝히고 있다. 수신은 '소설, 비유, 속담, 전기, 시가 등을 사용해 아동의 즐거운 마음을 환기시키고, 소리 내어 읽을 때 자연스럽게 지혜와 용기의 기운을 양성하고, 순종, 우애의 정을 저절로 느끼게 하여, 아동으로 하여금 그 자신을 사랑하고 중시하며 그 뜻이 높고 훌륭해지기를 바란다'라고 밝히고 있다. 각 권의 2~3단원은 한시나 운문을 다루고 있는데 교훈적이며 애국과 관련된 것이 많다. 이렇듯 『고등소학독본』은 일본 국민이자 동시에 근대 세계 시민으로서 갖추어야 소양에 대한 기본 지식과 덕목을 종합적으로 다룬 종합독본인 것이다.

특히, 한국에서 최초의 근대적 국어교과서로 평가받는 『국민소학독본』의 저본이 바로 『고등소학독본』이었다는 점은 국어학적, 교육학적, 역사학적 관점에서 간과할 수 없는 일이다. 1895년에 7월에 학부 편집국에서 편찬, 간행한 개화기 국어교과서 『국민소학독본』은 우리나라 최초의 관찬(官撰) 대민 계몽교과서이다. 일본의 『고등소학독본』을 참고하여 편찬하였지만, 국권이 상실될 위기에서 국권수호를 위한 애국적 인재양성의 교육 취지가 적극 반영되었으며, 조선정부가 서구의 근대문명을 국민교육의 지침으로 삼아 부국강병 및 실용적 교육을 위해 교재로 편찬하였던 것이다. 문체는 국한

문 혼용체로서 총 72장 144면, 한 면은 10행, 1행은 20자로 구성되어 있으며, 형식은 장문형이고 띄어쓰기와 구두점이 없다. 총 41개 과로 그 목차는 다음과 같다.

저본인 일본의 『고등소학독본』의 구성과 내용이 거의 흡사하지만, 한국의 처지와 실정에 맞게 단원을 선별하거나 변경하는 등 취사선택을 하였으며, 내용구성은 필요한 내용을 발췌하거나 요약, 혹은 변경, 새롭게 집필하기도 하였다. 서구의 선진화된 생활과 문물, 도시에 대해 소개하고 과학적인 내용을 다룸으로써 근대화의 필요성에 대한 인식을 국민에게 심어주고자 했다. 특히 미국 관련

단원을 많이 둔 것은 미국처럼 자주부강한 나라를 만들자는 취지로 보인다.[19] 또한, 낙타나 악어 등과 같이 한국에서는 접할 수 없는 동물에 대해 소개하여 학생들의 지적 호기심을 자극하고 동시에 넓은 세계를 인식할 수 있도록 했으며, 징기스칸과 같은 인물의 소개를 통해 진취적인 정신을 함양하고자 했다. 또한 세종대왕, 을지문덕과 같은 한국의 대표적인 위인의 소개를 통해 민족의식을 고양시키고자 노력을 했다. 즉, 『국민소학독본』은 전근대에서 근대로 넘어가는 전환기에 편찬된 교과서로 근대화를 통해 대한제국의 주권을 지키고 체계적인 국민 교육을 위한 시도였다는 점에서 그 역사적 의의가 있다고 할 수 있다.[20]

『국민소학독본』의 교과적 구성은 이미 언급한 바와 같이 『고등소학독본』의 틀을 벗어나지 않으면서 많은 부분이 그대로 계승되고 있는 점은 역설적이라고 할 수 있다. 그러나 『국민소학독본』에 계승되지 않은 과의 출현으로 볼 때, 이는 지덕과 근대화사상에 관한 내용의 선택적인 계승과 그와 동반해 교과내용에 관한 재구축을 의미한다. 이와 같은 내용을 통해 한국의 근대적 국어 교과서의 성립 과정 및 교육이념, 한일 양국의 근대화 사상에 대해 규명할 수 있을 것이다.

본서는 일본 쓰쿠바대학(筑波大学) 소장본을 저본으로 하여 번역 작업을 하였으며, 영인과 함께 출간함으로써 교육학, 국어학, 일본어학, 역사학 등 각 분야의 연구자에게 연구 편의를 제공하여 근대 개화기 교육 및 역사, 교육사상의 실상을 밝히는데 도움을 주고자 한다. 또한 세부적으로는 근대 한일 교과서에 나타난 교육이념, 역

---

19) 학부대신 박정양의 미국견문록 『미속습유(美俗拾遺)』와 밀접한 관련성이 보인다.
20) 자세한 것은 강진호(2013), 「국어과 교과서와 근대적 주체의 형성: 『국민소학독본』 (1895)을 중심으로」, 『국제어문』 58, 국제어문학회 참조.

사관, 세계관에 대해 종합적이고 다각적인 검토를 가능하게 할 것
이며, 나아가 근대 한일 양국 간의 관계를 재조명하는 데 일조할
수 있으리라 믿는다.

역자 성윤아·권희주·이현진

차례

(원전) 고등소학독본 권4____127

고등소학독본 권4

高等小學讀本

四

제1과 가노 모토노부 이야기

　무릇 무슨 일이든 자기가 배운 것에 마음을 전념하지 않는다면 언제까지고 향상되기를 기대할 수는 없을 것이다. 한 분야의 학문은 말할 것도 없고 한 가지 기술, 한 가지 예술이라도 진심으로 자신의 마음을 전념하지 않으면 후세에 이름을 남길 수 없다. 그러므로 세상에 나가 자신을 발전시키고 사람들을 이롭게 하고자 한다면 오로지 한 가지 일에 마음을 두는 것이 무엇보다 중요할 것이다.

　옛날에 센슈사카이泉州堺에 잇코쿠지一國寺라는 절이 있었다. 이 절은 정원, 접객실 모두 다소 독특한 방식으로 만들어져 있었다. 그 중 한 접객실의 삼나무 문에는 노송나무 한 그루가 그려져 있었고, 또 다른 접객실의 삼나무 문에는 엎드려 있는 학 25마리가 그려져 있었다. 이 모두 채색彩色*이 되어 있고 그림의 기운이 범상치 않았다. 이것이 바로 고호겐古法眼[1] 가노 모토노부狩野元信가 그린 것이라 전해지는 그림이다.

　모토노부는 일찍이 이 절을 임시거처로 삼았으며 거의 3년이 다 되어 가도록 아무것도 그리지 않았기 때문에, 주지가 이를 보고 도

---

1) 부자가 모두 의사, 화가 등에게 수여되던 지위인 호겐(法眼)에 오른 경우 그 중 아버지를 일컫는 호칭이다. 가노 모토노부를 지칭하는 경우가 많다.

무지 이해가 되지 않아, 어느 날 모토노부에게 말하기를, "자네는 그림으로 일가2)를 이룰 것이라 하면서 이 절에 와서는 아직 붓을 쥐지도 않고 어찌 헛된 일에만 세월을 보내고 계시오? 내가 의식衣食의 비용을 아끼는 건 아니지만 도무지 이해되지 않는 일이오."라고 하자, 모토노부도 미안하게 생각하여 몇 년간의 은혜에 대한 사례로 모자란 그림이라도 남겨드려야겠다고 각오를 다졌는데, 4~5일을 더 보낸 후에도 붓을 들지 않았다.

어느 늦은 밤 동자승이 주지의 거처에 찾아와 "저쪽에 가서 살며시 화가의 상태를 들여다보십시오."라 하여 바로 주지가 동자승과 함께 모토노부의 처소를 들여다보았더니, 모토노부가 장지문 아래 판자에 몸을 기대 자세를 여러 번 바꾸며 누웠다 일어났다 하는 모습이 장지에 비쳤다. 날이 밝자 모토노부는 일찍 일어나 문 한 칸에 그림을 그렸는데 모두 엎드려 있는 학이었으며 그 필법이 실로 절묘했다. 이처럼 밤에는 잠을 자지 않으며 장지문에 그림자를 비추고, 날이 밝으면 그림을 그려 10여 일 만에 학 25마리를 완성했다.

그 후 주지가 깊은 밤에 또다시 들여다보았더니 이번에는 팔꿈치를 구부리고 다리를 뻗어 손을 입에 대며 학이 엎드린 모습을 장지문에 비추고 있었다. 날이 밝은 뒤 주지가 모토노부의 거처로 가 "오늘 그리실 학의 모습은 이렇지 않나요?"라고 말하며, 지난밤 들여다본 모습을 해 보였더니 모토노부는 매우 놀랐다. 그래서 주지가 지난밤의 일을 말했더니 모토노부는 나머지 두 장의 문에는 그림을 그리지 않은 채, 다른 한 칸의 삼나무 문에 노송나무 한 그루를 그리고는 결국 이 절을 떠나갔다.

이리하여 모토노부는 아즈마노쿠니東国를 유람을 나서게 되었고

---

2) 학술, 기예 등에서 독자적인 권위, 하나의 유파를 이룬 상태를 말한다.

하코네箱根에 당도하였는데, 한 노송나무의 가지가 마음에 들자 유람을 멈추고 다시 잇코쿠지로 되돌아왔다. 주지가 모토노부를 보고 매우 놀라 "아즈마노쿠니에 가신다고 들었는데 지금 어찌 다시 오셨는가?" 하고 묻자, "이 전에 그린 노송나무 가지에 부족한 부분이 있었는데 하코네에 가서 그 부족한 부분을 깨우쳤기 때문에 바로 돌아왔습니다."라며 가지 하나를 그려 넣고 다시 떠났다. 모토노부가 이토록 깊이 예술에 마음을 썼기 때문에 지금도 또한 세상 사람들이 그의 그림을 귀하게 여기고 화벽和璧*과 같다고 하는 것이다.

---

* 채색(彩色): 물감을 말한다.
* 화벽(和璧): 옛날 중국의 변화(卞和) 라는 사람이 발견한 보옥(寶玉)

제2과 공부

자네들은 앞으로 학교를 떠나 다른 업무에 종사하더라도 결코 독서를 그만두어서는 안 된다. 또한, 학교에서 이미 지식을 충분히 얻었기 때문에 공부를 하지 않아도 된다고 생각해서는 더더욱 안 된다. 지금까지 자네들이 배운 것은 단지 교육의 시작일 뿐이다. 결코 이것으로 완전하다 할 수 없다. 이는 마치 가옥의 기초와 같다. 그 위에 넓고 큰 가옥을 건축하는 것은 앞으로 자네들의 공부에 달려 있다.

자네들이 학교에 있을 동안에는 단지 교사의 지시에 따라 공부를 할 뿐, 스스로 공부를 하려는 생각은 매우 부족한 듯하다. 하지만 언젠가 학교를 떠나게 되면 자네에게 명령과 훈계를 하는 교사가 없고 또한 자네에게 사물의 이치를 가르쳐줄 사람도 없을 것이다. 이럴 때 자네들은 어떻게 할 것인가. 이럴 때 스스로 독서에 힘을 쏟으려 하는 것은 실로 쉬운 일이 아니겠지만, 항상 마음을 기울여 새로운 지식을 쌓아가지 않으면 자신이 종사하는 업무 역시 개선해 나가지 못할 것이다. 이 때문에 앞서 나아가는 사람이 되지 못하면 항상 필연적으로 남의 뒤에 서게 된다. 그러니 바로 매일 1~2시간을 독서 시간으로 정하여 그 시간에는 오로지 이것에만 전

넘하고 아예 다른 일을 해서는 안 된다.

또는 매일 종사하는 업무가 대단히 바빠 이러한 여유가 없기 때문에, 조금이라도 여유가 생겼을 때 엄격히 시간을 정해 독서를 해야 한다고 말하는 사람도 있다. 이러한 사람들은 원래 여가가 있지만 이를 이용하려 노력하지 않고, 단지 이를 태만의 구실로 삼을 뿐이다. 그런데 세월은 대단히 빨라 사람을 기다려주지 않는다. 이러한 태만의 구실을 만들어 유유히 나날을 보내고 무엇 하나 이루지 못한 채 일생을 허비하는 자가 많으니 실로 탄식할만한 일이 아니겠는가. 이러한 까닭에 자네들은 지금부터 오늘 배우지 않으면 내일이 있다고 하고 올해 배우지 않아도 내년이 있다고 하는 생각을 품지 말아야 한다.

또한, 자네들에게 가르칠 것이 있는데, 보통 무언가를 할 때는 업무를 불문하고 일의전심—意專心으로 종사해야 하며 마음을 결코 다른 곳에 두어서는 안 된다. 매일 1~2시간씩 일의전심으로 독서에 힘을 기울인 자는, 매일 10시간씩 하면서도 반은 공부하고 반은 게으름을 피운 자와 비교해볼 때 그 진보의 차이가 명백하다.

또한, 한 번에 많은 일을 해내는 것을 기대해서는 안 된다. 단지 스스로 가장 좋아하는 한 가지 일에 마음을 쓰는 것이 특히 중요하다. 그리고 피곤할 때는 가령 업무에 종사하더라도 결코 그 효과를 볼 수 없으므로 이러할 때는 적당히 독서를 그만두고 야외 공원에서 산책하여 그 마음을 위로함이 마땅하다. 이러한 까닭에 잠깐의 휴식도 취하지 않는 것이 존중할 만한 일이 아니며, 힘쓸 때는 능히 노력하고, 놀아야 할 때는 잘 노는 그것이야말로 업무를 완수하는 가장 좋은 방법이다. 자네들은 항상 이것을 잊지 말아야 할 것이다.

제3과 권학의 노래

옛날 중국의 주문공은
대단히 박학하고 재능 있는 사람인지라
우리 학문을 권장하려고
소년이로少年易老3)의 시를 지어
일생은 봄날 밤의
꿈과 같다고 한탄하였다.

나라의 동서, 세상의 고금
사람의 고귀를 불문하고
배움의 길에 오르는 자는
아무리 재능이 있다 하더라도
무릇 같은 감개를
느끼지 않겠는가.

---

3) 중국 송대의 유학자인 주자(朱子)의 『주문공문집(朱文公文集)』「권학문(勸學文)」에 나
오는 시의 첫 구절이다. "少年易老學難成(소년이로학난성)"으로 '소년은 늙기 쉽고 학
문을 이루기는 어렵다'라는 의미이다.

봄의 첫 꽃, 가을의 달
여름의 녹음, 겨울의 눈
모든 이 세상의 만물에
마음이 풍요로워질 때면
지나가는 세월을 돌이켜보고
우리 학예에 힘을 써야 한다.

연못가 봄풀의
짧은 꿈도 깨기 전에
처마 끝에 무성한 오동나무 잎은
불어오는 가을바람에 흔들리는구나.
올해도 절반이 지났음을
글 읽는 사람은 알지 못하리라.

반딧불과 눈雪의 빛으로
글은 읽을 수 있지만 학업은 쌓지 못하고
지나간 세월은 길지만
난바難波 강기슭 갈대 무리의
하룻밤처럼 여겨져
부끄러움만이 남는다.

옛사람의 학문은
오로지 하나의 길이었지만
그 역시 현자의 탄식이 있었다.
지금은 학술의 가지도 많으니
가지에 작은 가지, 잎까지

어찌 평범한 사람이 해낼 수 있겠는가.

이렇게 말은 하지만, 옛말에 이르길
산의 시작은 한 줌의 흙
바다의 시작은 하나의 물방울이라 했다.
아무리 서둘러도 방도가 없다.
마음을 담아 항상
게으름을 피우지 말아야 할 것이다.

설령 많은 것에 걸쳐 있지 않아도
단 한 가지의 재능을 익힌다면
자신에게 득이 될 일이 많을 것이다.
거미에게 재능이 있어서 줄을 치고
벌에게도 재능이 있어서 꿀을 만든다.
어찌 벌레에게도 미치지 못하겠는가.

공부하고, 또 공부해라, 게으름 피우지 말고
나아가고 또 나아가라, 멈추지 말고
어려운 일이라고 해서 꺼리지 말아라.
배움의 바다에 뱃길이 있고
가르침의 산에 이정표가 있다.
장부여, 무엇을 두려워하겠는가.

야타베 료키치矢田部良吉

제4과 호조 야스토키 전 1

호조 야스토키北条泰時는 요시토키義時의 장자이다. 아명은 곤고金剛라고 하고 에마타로江馬太郎라 칭했다. 유년 시절의 언행이 무척 어질고 겸손한 사람이었다. 성장한 뒤에 와다 요시모리和田義盛가 호조가문北条氏을 멸망시키려 했을 때 이를 공격하여 무찔렀으며, 이에 요시모리 이하 많은 이가 죽음을 맞았다. 야스토키가 적의 목과 포로를 막부에 바치고, 연회를 열어 여러 장병의 노고를 치하한 뒤 말하기를 "얼마 전 연회에 참석한 다음 날 아침 이 사변이 일어났기에 즉시 갑옷을 입고 말에 올랐지만, 숙취는 여전히 깨지 않았다. 때문에 술을 금해야겠다고 결심하였다. 그러다 수십 번의 전투를 치르고 목이 말라 물을 찾았는데 가사이 로쿠로葛西六郎가 술잔*을 들어 술을 권하였고 나 역시 이를 마셨다. 나는 어찌 이리도 지조常操*가 없단 말이냐. 그러니 오늘 이후로 결코 술을 마시지 않겠다". 이 당시에 막부는 공적에 따라 상을 내렸다. 야스토키 혼자만이 그 상을 거절하며 말하기를 "요시모리는 원래 반역할 마음이 없었고 신이 그저 아버지의 원한을 갚았을 따름입니다. 신은 아버지의 원수를 무찌른 것 뿐이기에 당연히 상을 받을 이유가 없습니다. 바라건대, 신에게 내릴 상으로 죽은 이들의 집에 은혜를 베풀

야스토키가 승려 고벤과 이야기하다.

어주시기 바랍니다". 막부는 끝내 그 청을 들어주지 않았다.

조큐의 난承久の亂4)이 일어났을 때, 야스토키는 여러 장수를 지휘하여 관군과 싸웠고 결국 이를 무찔렀다. 이때 호조 도키후사北条時房와 함께 교토를 수호하였고, 각각 로쿠하라六波羅의 남쪽과 북쪽에 기거했다.5) 이를 양两 로쿠하라라고 칭한다. 그때 야스토키가 도가노오栂尾의 승려 고벤高辨6)의 이름을 듣고 그를 찾아가니 고벤이 야스토키에게 말하기를, "나라를 다스리는 것은 병을 치료하는 것과 같소. 그 원인을 밝히지 않고 약을 쓰면 쓸데없이 병을 키울 뿐이오. 세상을 다스리는 자도 그 원인을 잘 헤아리지 않고 함부로 상과 벌을 행하면 간사한 거짓을 더욱 만들어 내게 되어 제대로 다스릴 수 없게 되오. 귀공이 정치를 하는 데 있어서 스스로 욕심을

---

4) 1221년(조큐 3년) 고토바 상황(後鳥羽上皇)이 가마쿠라 막부를 타도하기 위해 병력을 일으켰다가 패배한 병란이다.
5) 조큐의 난 이후 로쿠하라 지역의 북쪽과 남쪽에는 로쿠하라탄다이(六波羅探題)가 설치되어 교토의 경비와 조정의 감시, 사이코쿠(西国)의 통할을 맡았다. 호조 야스토키는 북쪽 로쿠하라탄다이, 호조 도키후사는 남쪽 로쿠하라탄다이에 각각 취임하였다.
6) 가마쿠라시대 화엄종 승려인 묘에(明惠)의 법호이다.

버리고 부하를 통솔하면 이루지 못할 것이 없을 것이요”. 야스토키
는 크게 기뻐하였다.

---

*술잔(樍)
*지조(常操): 평생 신념을 잘 지키는 것.

제5과 호조 야스토키 전 2

호조 요시토키北条義時가 죽게 되자 야스토키가 그 뒤를 이어 싯
켄執権[7]이 되어 만도코로政所[8]의 평정評定을 시작하였고, 싯켄 이하
의 모든 관리가 참석하여 소송과 그 외의 공무를 결정하고 처리하
였다. 또한, 미요시 야스쓰라三善康連와 논의하여 법규 조항式目* 50
조를 정하였다. 이를 조에이시키모쿠貞永式目[9]라고 한다. 일찍이 다케
다 노부미쓰武田信光와 운노 유키우지海野幸氏가 우에노上野와 시나노
信濃의 경계를 놓고 다투었는데, 유키우지에게는 증좌証驗가 있었다.
이에 야스토키는 이 일에 대해 명확히 판단을 내려 유키우지가 옳
다고 하였다. 그런데 노부미쓰가 이를 원망한다는 것이었다. 야스
토키가 이를 듣고 말하기를 "이전에 와다씨가 다네나가胤長를 8서
해 줄 것을 청하였는데, 선친께서는 그를 유배 보냈고 와다씨는 항
의할 수 없었다. 이는 단지 공사를 구분한 것뿐이다. 만일 남의 원
망을 두려워하여 잘잘못을 제대로 가리지 않는다면 어찌 싯켄이

---

7) 가마쿠라 막부의 관직으로, 쇼군을 보좌하고 정무를 통괄하는 최고직이다.
8) 가마쿠라시대 정무 기관 혹은 정무를 행하던 관청을 말한다.
9) 1232년(조에이 1년)에 무가 사회의 관습 및 도덕을 바탕으로 제정된 무가 법령이다.
   정식명칭은 고세이바이시키모쿠(御成敗式目)이다.

필요하겠는가? 노부미쓰는 나에게 아무런 도움이 되지 않는다". 노부미쓰는 이를 듣고 크게 두려워하여 서한을 보내 다른 마음을 갖지 않을 것을 맹세하였다. 이후 이를 관례로 삼았다.

야스토키는 친족에게 인망이 두터웠다. 일찍이 효조쇼評定所[10]에 있을 때, 남동생 도모토키朝時의 저택에 침입하려는 자가 있다는 이야기를 듣고는 바로 도와주러 갔다. 되돌아올 때 다이라노 모리쓰나平盛綱가 "이것은 작은 일일 뿐입니다. 공은 중직에 있는데 어찌 자신을 가벼이 여기십니까?"라고 아뢰자, 야스토키가 말하기를 "형제가 곤란에 처했는데 어찌 작은 일이라 할 수 있겠는가. 만일 내가 부모를 잃는다면 중직도 아무런 소용이 없을 것이다"라고 하였다. 야스토키는 또한 권세를 뽐내려는 마음이 없었다. 항상 여러 장수와 함께 막부에서 당직*을 맡고 노령이 될 때까지 게으름을 피우는 일이 없었다. 또한, 법화당11)에 참배할 때마다 대청 아래에서 배례하였다. 법화당은 미나모토노 요리토모源賴朝의 영정을 모셔둔 사당이다. 이 절의 승려가 이에 법화당에 오를 것을 청하니 야스토키가 말씀하시기를 "쇼군께서 살아 계시는 동안 나는 늘 다가가지 못하였는데, 돌아가셨다 해서 어찌 예법을 바꿀 수 있겠습니까?"라고 하였다. 종4위하從四位下12)를 받을 때 사람들에게 말하기를, "아무런 공적 없이 지위만 오르면 아마도 끝까지 자리를 보전하지 못할 것이요. 그러니 나는 이를 신에게 빌지 않겠소."라고 하였다. 그런데 승려가 "절 하나를 짓는다면 치세가 안정될 것입니다."라고 말하는 것이었다. 이에 야스토키는 크게 노여워하며 "재

---

10) 가마쿠라시대 효조슈(評定衆)가 평정을 하던 관청이다.
11) 천태종의 법화삼매(법화경을 중심으로 하는 수행법)를 수행하는 곳이다.
12) 일본 율령제의 위계 중 하나이다. 종4위는 상하(上下)로 나뉘며, 정4위의 아랫단계이자 정5위의 윗단계에 해당한다.

물을 써 백성에게 해를 끼치는 일이 무슨 치세의 안정인가? 이는 있을 수 없는 일이다."라고 하며 이윽고 그 승려를 쫓아냈다.

야스토키는 62세의 나이로 죽음을 맞이했다. 온 세상의 백성들이 부모를 잃은 것처럼 그를 애도하였다. 아들인 도키우지時氏는 야스토키보다 먼저 죽음을 맞이했다. 따라서 도키우지의 아들 쓰네토키経時가 그 뒤를 이어 싯켄이 되었다. 야스토키가 항상 쓰네토키에게 말하기를 "정사를 돌보는 것은 문文에 있으니 단지 무력만을 사용해서는 안 된다."고 하였다. 쓰네토키는 특히 관리 직무에 뛰어나 세상 사람들이 조부의 모습을 닮았다고 하였다.

---

* 법규 조항(式目)
* 당직(當直): 숙직을 하는 것

제6과 기후 이야기

기후에 큰 변화가 생기는 것은 바다와 육지의 성질이 다르기 때문이다. 물은 다량의 열을 포함할 수 있지만, 이 열을 다른 곳에 전도하는 일은 많지 않다. 그렇지만 물의 증발이 활발히 이루어지는 것에 의해, 증발할 때, 수면의 열을 빼앗겨 차가워지는 것이다. 이에 따라 필연적으로 차가운 물은 바닥으로 가라앉고 다소 따뜻한 물이 이를 대체한다. 이처럼 온도의 차이에 의한 대류 현상으로 기후는 지극히 덥거나 추워지는 일 없이 항상 일정한 온도를 유지하는 것이다.

육지의 기후는 그 위치, 높낮이 등에 따라 변화하는 것이라고 하는데, 육지의 성질에 관해서만 논해도 바다의 기후와는 크게 다른 부분이 있다. 생각건대, 지면을 덮고 있는 모래와 자갈은 태양의 열을 빨리 흡수하는데, 이는 물에 비교해 몇 배나 되는지 알 수 없다. 그러나 모래와 자갈은 본디 물과 같이 이동 교환하는 것이 아니다. 그 때문에 태양의 열을 강하게 받을 때는 이를 흡수해 최고 온도에 달하게 되고 사람과 가축, 초목 모두가 한동안 이를 견디지 못한다. 그러다 태양이 서쪽으로 기울게 되면 모래와 자갈은 다시 금세 그 열을 방사하여 밤이 되면 매우 차가워지는 것을 느끼게 된다. 이와 같은 상황은 바다에서 멀어질수록 그 변화가 더욱 두드러진다. 이것이 이른바 대륙의 기후이다.

우리나라는 지형이 좁고 긴 섬나라이기 때문에 바다와 육지가 서로 접해있어 태양의 열을 받는 정도에도 현저한 변화가 없지만 바다와 육지의 기후는 크게 다르다. 생각건대, 주간에는 바다 온도가 육지 온도보다 낮지만, 야간에는 반대로 육지보다 온도가 높다. 육지 온도는 이와는 정반대이다. 또한, 1년 중 여름에는 바다의 기후가 육지보다 한랭하고, 겨울은 반대로 온난하다. 이를 요약하면, 바다의 기후는 항상 큰 변화가 없어서 육지의 지극히 뜨겁고 차가운 온도를 경감시켜 기후를 항상 일정하게 유지하는 효과가 있다는 것이다.

바다의 기후는 이처럼 일정하게 유지되어 그 공기가 항상 따뜻하고 습하다. 그런데 육지의 기후에는 심한 변화가 있어서 그 공기가 항상 건조하다. 이 때문에 어떤 나라에서도 바다의 유무에 따라 기후의 변화가 있고, 또한 바다와의 거리, 방향은 그 나라의 1년간 열의 양에 큰 차이를 낳는다고 한다.

기후는 동식물의 성장에 현저한 효과를 줄 뿐 아니라 인류의 품성에도 큰 변화를 주는 힘이 있다. 예를 들어 온난한 나라의 사람은 그 용모와 언어 모두 온화하고 대체로 사물에 주의하는 마음이 부족하며, 또한 인내하는 기력도 부족한 듯하다. 하지만 한랭한 공기에 익숙한 사람은 대체로 활발하고 용맹하고 지식이 있으며 항상 기력이 넘친다. 사람의 품성에 차이를 만드는 것에는 여러 원인이 있다고 하는데, 이처럼 기후의 효과도 역시 영향을 미치는 원인 중 하나이다.

제7과 조약국

  우리 천황폐하와 외국의 제왕 또는 대통령과의 사이에 조약서를 교환하여 그 국민과 서로 왕래하고 무역을 하는 나라를 조약국이라 한다. 조약국과의 사이에는 양쪽이 서로 전권 공사라고 하는 중책의 관리를 파견하여 외교상의 사무를 맡게 하고, 또한 각국의 인민이 거류하는 무역장에는 나라마다 영사를 두어 무역과 관련된 일을 관장하게 한다.

  우리 조약국은 현재 19개국이 있다. 이들 나라와 우리 천황폐하께서 조약서를 교환하신 것은 시기가 앞서거나 뒤서거나 하는데, 지금으로부터 30년 전에 도쿠가와 막부가 미합중국과 임시 조약서를 교환했을 때가 처음이다. 이후 각국이 찾아와 조약을 요구하는 일이 끊이지 않아 마침내 19개국이라는 많은 수에 이르게 되었다.

  현재 그 조약국을 열거하면 아시아대륙에서는 중국, 조선, 태국 3개국, 아메리카대륙에서는 합중국, 페루 2개국, 오세아니아에서는 하와이 1개국이다. 또한, 유럽에서는 영국, 러시아, 네덜란드, 프랑스, 독일, 오스트레일리아, 포르투갈, 스위스, 벨기에, 이탈리아, 덴마크, 스페인, 스웨덴 13개국이며, 통틀어 19개국이다.

  이들 조약국 중 대도시의 정황에 관해서 아는 것은 왕래가 빈번

한 오늘날에 있어 대단히 긴요한 일이다. 지금 그 중요 도시의 예를 들면, 중국의 북경, 합중국의 뉴욕, 보스턴, 필라델피아, 샌프란시스코, 영국의 런던, 프랑스의 파리, 독일의 베를린, 오스트리아의 빈, 이탈리아의 로마, 러시아의 상트페테르부르크 등이며, 이들 모두 세계 굴지의 도시이다. 따라서 이제 차례로 이들 도시의 정황을 기술하고 그 대체적인 것에 대해 알려줄 것이다.

제8과 베이징

베이징은 다른 말로는 순천부順天府라고도 한다. 이 지역은 직례성直隸省에 속하며 대흥大興, 완평宛平 두 현에 걸쳐 있다. 인구는 대략 250만 명이다. 가구 수가 영국 런던에 버금갈 정도로 많다고 한다. 명나라 초기에는 이 지역을 북평부北平府라 칭했으나 이후 수도를 이곳으로 옮겨 순천부로 변경하였고 베이징이라 칭했다. 지금의 청조는 만주에서 일어나 명조를 멸망시키고 중국 전국을 지배하게 되었으며 이후 이 지역을 수도로 정하였다.

베이징은 두 개의 성으로 나뉜다. 북쪽을 내성內城이라 하고, 남쪽을 외성外城이라고 한다. 두 성 모두 성벽과 해자로 이를 둘러싸고 곳곳에 누문樓門을 뚫어놓았다. 그 성벽의 높이는 3장丈(약 9.09m) 남짓이고 두께는 2장丈(약 6.06m)이다. 그 주위는 정방형으로 약 89리里(약 349.5km)이다. 내성은 또 3구역으로 나뉜다. 그 중 중앙을 대내大內라 한다. 혹은 자금성紫禁城이라고도 한다. 이는 곧 청나라 황제가 거처하는 성이다. 대내 밖을 황성皇城이라고 한다. 이 또한 성벽이 둘러싸고 있다. 이 안에는 청나라 황제의 대묘大廟가 있고 사직단社稷壇이 있으며 선잠단先蠶壇이 있다. 또한, 그 남쪽 구석에는 남화원南華園이 있고 진기한 꽃과 불가사의한 풀이 항시 나 있다.

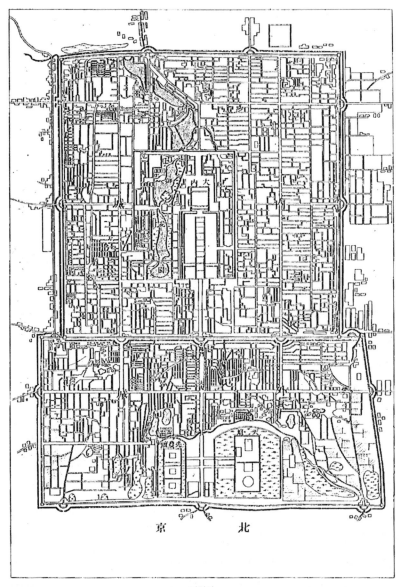

베이징

음력 정월 대보름날에 바치는 모란과 2월에 바치는 오이瓜는 이 남화원에서 키운 것이다. 경산景山은 수풀의 나무가 울창하고 진기한 꽃이 특히 많다. 서원西苑에는 태액지太液池가 있다. 성안에서 가장 한적하고 아름다운 곳이다.

포성包城은 황성을 둘러싸고 외성과 이어지는 한 구역이다. 그 주위의 성벽에는 구문九門이 있다. 이 안에는 여러 관아, 사원 등이 특히 많으며 건축물은 모두 웅장하다. 그 지역은 대체로 모든 계급의 사람들이 주거하고 있으며 모두 8개의 큰 길이 있다. 그 큰길은 각 성문으로 통하고 넓이는 약 4장丈(약 12.12m) 남짓이며, 중앙에 솟아난 곳에는 통로를 만들고, 그 좌우에는 보행로便道를 만들어 놓았다. 통로는 마차가 왕래하는 곳이며 보행로는 여러 사람이 보행하는 곳이다. 큰길에는 상점이 빽빽이 늘어서 각종 물품을 판매할 뿐만 아니라 길 위에 장막을 쳐 선반을 걸쳐놓고 일용 잡화를 판매하는 사람도 많다. 그 열기와 번성을 아직 다른 나라에선 찾아볼 수 없다. 또한, 길 좌우에는 작은 골목이 수십 갈래 통해 있고 이곳에 사는 사람이 적지 않다. 만주, 몽골, 중국의 군인들도 또한 대부분 이곳에 살고 있다.

외성은 내성 남쪽 면을 둘러싼 곳의 외곽으로 그 주위의 성벽에는 7개의 문匚門을 뚫어 놓았다. 외성 남쪽에는 천단天壇이 있고 선농단先農壇이 있으며 천자가 절기마다 이 단에 올라 제례를 올리는 것이 관례이다. 그 북쪽은 많은 사람이 모여 살며 여러 물건이 몰려드는 곳으로 큰 길이 네 개 있다. 좁은 길은 그 수를 헤아릴 수 없다. 시가는 내성에 비하면 다소 좁긴 하지만 시장의 혼잡, 장사의 번성은 이를 훨씬 능가한다. 정양正陽 큰 거리는 정양문正陽門을 마주한 넓은 길로 그 동서쪽으로 거리가 뻗어 있고 상점이 밀집해 있으며, 그릇, 복식 종류가 모두 같이 모여 있다. 그 중에서도 서하

베이징의 시가

연西河沿이라는 곳에서는 가게마다 모두 금은으로 만든 그릇과 도구를 팔고, 주빈시珠賓市라는 곳에서는 가게마다 대체로 진주와 옥, 인삼, 향료 등을 판매한다. 또한, 유이창琉璃廠라는 곳에서는 거리에 서점과 골동품만 파는 가게가 가득 해, 새 책과 고서, 법첩法帖, 서화書画류부터 붓, 먹, 종이, 문구, 구리그릇, 자기에 이르기까지 어느 하나 구하지 못할 것이 없다.

　베이징의 토지는 평야 사이에 있으며 광대하다. 다만 서쪽으로 3리里(약 11.78km) 정도 일대는 산이 보일 뿐 이다. 기후의 변화가 심하고 추위와 더위가 절기에 맞지 않다. 여름날에는 온도계가 대략 화씨 90도를 오르내리고, 심한 경우 100도를 넘는 일도 있다. 그런데 겨울날에는 한기가 매우 혹독하여 도랑, 강물이 모두 얼어

붙고, 온도계가 0도까지 떨어지는 일이 많다. 토질은 가볍고 거칠며 모래와 자갈이 조금도 섞여 있지 않다. 그러한 까닭에 바람이 불면 먼지와 흙이 하늘을 자욱이 뒤덮고, 비가 오면 진창이 길을 덮어서 차량과 말의 통행이 어렵다. 즉 '바람이 없으면 3척의 땅, 비가 오면 한 길의 진흙'이라는 속담이 있는 것은 이 때문이다. 도로는 지극히 불결하고 시가의 구석에는 쓰레기, 오물이 쌓여 언덕을 이루고 있다. 또한, 땅 밑에 도랑을 파 강으로 통하도록 하여 오수가 빠지는 길을 마련했지만, 최근 이를 수리하지 않아 도랑이 대체로 막혀 있다. 이 때문에 오수가 증발하여 악취가 여기저기 퍼져 사람들로 하여금 구토를 유발한다.

제9과 악어

악어는 열대지방에 사는 난생卵生 냉혈 동물로 파충류 중 가장 크다. 그 크기는 8~9척尺(242.4~272.7cm)이 보통이지만 때로는 16~17척尺(484.8~515.1cm)에 달하는 것도 있다. 네 개의 다리는 짧으며 뒷다리에 물갈퀴가 달려 있다. 몸의 상부는 등부터 꼬리까지 뼈와 같은 단단한 피부로 덮여 있어 총알도 이를 뚫지 못한다.

머리는 넓고 평평하며 턱은 무척 길고 입안에는 예리한 이빨이 있으며 혀는 짧지만 단단하고 입의 바닥 쪽에 붙어 있다. 그런 까닭에 옛날에는 악어에게 혀가 있다고 믿는 자가 없었다. 이와 같이 혀가 짧고 움직이지 않기 때문에 곤충이 입 안으로 들어가 악어를 괴롭히는 일이 있다. 이때 작은 새가 입 속으로 날아 들어가 곤충을 다 먹어 치워도 악어는 그 은혜를 알기에 털끝 하나 해치는 일이 없다고 한다. 또한, 꼬리가 길고 강하여 다가오는 것이 있으면 꼬리를 휘둘러 일격을 가해 적을 막는다고 한다.

악어는 수륙양생이지만 평소에는 못, 늪, 호수, 강의 물속에 서식한다. 물속에 있을 때는 자유자재로 유영하여 해를 입히는 일이 많지만, 육지에 있을 때는 심하게 해를 입히는 일이 없다. 이는 몸이 길고 다리가 짧으며 또한 머리의 움직임이 자유롭지 못하기 때문이다.

악어

앞으로 나아갈 때 직선으로 진행하는 것은 무척 빠르지만 진행 중에 그 방향을 바꾸는 것은 특히 어렵다. 때문에 악어에게 쫓길 때는 방향을 바꾸어 몸을 피하면 즉시 해를 면할 것이라고 한다.

물속에서 무리 지어 있는 악어를 향해 공을 던졌을 때 이를 잡으려 서로 다투는 모습은 마치 아이들이 미식축구football를 하며 노는 것과 다름없다고 한다. 악어는 물속에 있더라도 사람을 공격하는 일은 드물며, 더구나 물가에서 장난하며 노는 아이를 잡아가는 일은 절대로 없다고 한다. 평소에 먹는 것은 대체로 어류이며 때로 그 외에 작은 동물을 먹는 일도 있다. 특히 개고기를 가장 즐긴다. 또한, 많은 악어가 무리를 지어 있을 때는 때때로 큰 동물을 죽이는 일도 있다. 코뿔소나 하마를 죽이는 것이 바로 이러한 사례이다.

제10과 지식 이야기

한 아이가 어느 날 노인의 집에 와서 여러 이야기를 나누었다. 그때 아이가 말하기를 "지식은 각별히 귀한 것이 아닐까요? 지금의 아이들은 7~8세가 되면 옛 사람들이 알지 못하던 것들을 능히 알게 됩니다. 때문에 지금의 세상은 옛 세상보다 지식이 풍부한 사람이 많습니다. 이는 사람들이 다양한 책을 읽고 다양한 일들을 배우기 때문입니다. 지식은 어쩌면 이리도 세상을 유익하게 하고 사람을 이롭게 할까요?"

노인이 이를 듣고 말하기를, "너는 아직 하나를 알고 둘은 알지 못하는구나. 지식이 귀한 것은 실제로 응용하는데 있을 뿐이다. 그렇기는 하나 이를 실제로 응용하면 악한 힘이 되는 경우도 있고, 선한 힘이 되는 일도 있다. 너는 이것을 알고 있느냐?" 아이는 놀란 기색으로 "제가 이해하기 힘든 말씀입니다. 악한 힘이란 어떠한 것을 말하는 것입니까?"라고 말하며 노인의 얼굴을 계속 응시했다.

노인이 조용히 대답하여 말하기를, "말을 잘 다루기 위해서는 어떻게 해야 한다고 생각하느냐? 재갈과 고삐*로 조종하면 사람을 태우고 천리를 달릴 수 있으며 물건을 싣고 먼 곳으로 운반 할 수 있을 것이다. 그러나 재갈과 고삐를 벗기면 바로 타고 있는 자를 떨어뜨리고 물건을 망가뜨리게 될 것이다. 이는 말의 악한 힘이 아니겠느냐? 또한 호수, 강의 물은 논에 대는데 부족하면 안 되지만 하루아침에 사납게 범람하게 되면 제방을 부수고 교량을 부수는 등 피해가 참으로 크다. 이 또한 물의 악한 힘이 아니겠느냐?"

"이러한 사실들을 잘 이해하였느냐? 만약 이를 이해했다면, 지식의 귀함이라는 것이 이것의 응용 여하에 따른다는 것을 알아야 한다. 또한 서적에 있는 여러 가지 일들에 대해 안다고 해서 당연히 존경해야 하는 것은 아니다. 아는 것을 실제로 선한 것에 응용해야 비로소 귀함이 생기는 것이다. 만약 그러지 않고 이를 악한 쪽에만 응용한다면 오히려 세상을 해하고 사람에게 상처를 입히는 일이 대단히 많아질 것이다. 너희들은 이것을 마음에 잘 새겨야 한다." 아이는 이를 묵묵히 듣고 있다가 바로 큰 소리로 외치며 말하기를, "잘 알았습니다. 잘 알았습니다."고 하였다.

---

*재갈과 고삐(銜轡)

제11과 호조 도키요리의 행각

　태수太守*의 서거 이후, 부모를 등지고 형제를 죽이려는 소송이
제기되고 인륜인 효행이 나날이 쇠퇴하였으며 해가 갈수록 그 기능
을 잃어 갔다. 한 사람이 올바르면 만인이 그것을 따를 것이 분명하
다. 이 시대에는 먼 지방의 슈고守護,13) 고쿠시国司,14) 지토地頭,15) 고케
닌御家人16) 중에 악랄 무도한 자들이 있어 사람들이 소유한 영지를
빼앗고 백성들을 괴롭혔다. 사이묘지最明寺의 도키요리時頼17) 선문禪
門18)께서는 직접 여러 지방을 돌아다니며 이에 대해 묻지 않으면
해결할 수 없을 것이라 하시어, 몰래 변장을 한 채 60여 주州를 수행修
行하시다 어느 날 셋쓰노쿠니摂津国 난바難波 해변에 도달하셨다. 소금
을 퍼 올리는 어부의 작업을 보시고 몸을 편하게 해서는 하루도 살
수 없다는 이치를 더욱이 느끼셨다. 이미 해가 저물었기에, 울타리에
띄엄띄엄 틈이 있고 처마가 기울어 한차례 지나가는 비도 달도 분명

---

13) 각 지방의 경비, 치안을 담당하는 관직이다.
14) 중앙 정부에서 파견되어 지방의 정무를 관장한 지방관이다.
15) 장원(莊園)에서 조세 징수 및 군역(軍役) 등을 담당하는 관직이다.
16) 쇼군(將軍)과 주종 관계에 있는 무사의 경칭이다.
17) 가마쿠라막부 제4대 싯켄 호조 도키요리(北条時頼)를 가리킨다.
18) 출가하지 않은 채 머리를 깎고 불문에 든 사람이다.

도키요리가 여승의 불행한 이야기를 듣다.

새어들 것 같은 황폐해진 집에 다가 서 하룻밤 묵어가기를 청하시니,
안에서 나이든 여승尼公19) 한 명이 나와, "묵을 곳을 빌려 드리는
것은 어렵지 않으나, 거머리말이 아니면 깔 것도 없고 바다나물 외에
는 대접할 것도 없기 때문에 하룻밤 묵으시기에 적당치 않습니다."
라며 곤란해 하였지만, 도키요리께서는 "그렇더라도 날이 이미 저물
었고 묵을 곳을 청할 마을도 멀리 떨어져 있으니 부디 하룻밤을 지내
게 해 주십시오."라고 재차 미안해하며 부탁하셨고, 결국 이곳에서
머물게 되었다. 객지의 잠자리에 가을은 깊어 가고 갯바람은 차가워
져 가는데 갈대를 꺾어 태우며 밤을 지새우셨다.

　아침이 되자 주인인 여승이 손수 주걱으로 밥을 푸는 소리를 내
더니 모밀잣밤나무 잎을 간 쟁반 위에 말린 밥을 담아 가지고 나왔
다. 바지런해 보이지만 이러한 모습이 익숙해 보이지도 않아 의구
심이 들어 "어찌 댁내에 시중드는 사람이 없습니까?"라고 물으시

_____
19) 여승이 된 귀부인을 높여 부르는 말이다.

니, 여승은 울며 "그리 보이십니까? 저는 부모에게 물려받은 이 작은 지역의 영주였는데, 남편을 여의고 자식과도 헤어져 연고 없는 몸이 된 후 소료総領20)인 아무개라는 자가 간토関東21)에 봉공奉公한다는 권위를 이용하여 선대 대대로 내려 온 재산과 영지를 **빼**앗았습니다. 하지만, 교토나 가마쿠라에 가서 소송을 할 대관代官22)도 없기에 20여 년간 빈곤하고 고독한 몸이 되어 초라한 삼베옷을 몸에 걸치고, 담장 밖 섶나무의 잡목들조차 오래 살아갈 마음을 갖지 못해, 소매만 적시는 이슬과 같은 몸이 겨우 사라지지 않고 세상을 살아가고 있습니다. 아침 식사 만드는 연기가 미약함을 다만 헤아려 주십시오."라며, 소상히 말한 뒤 눈물을 흘리며 흐느껴 울었다. 행각*의 성인은 절절하게 이를 듣고는 너무나 애처로워 함 안에서 작은 벼루를 꺼내 탁자 위에 세워져 있는 위패 뒤에 한 수의 노래를 쓰셨다.

나니와가타難波潟 염건을 멀리서 비추는 달빛을 다시 원래의 강을 비추게 하리.

선문은 여러 지역의 행각을 마치고 가마쿠라로 돌아가시자마자 이 위패를 갖고 오게 하시고 지토가 **빼**앗은 재산을 몰수하여 여승의 본래의 영지와 함께 주셨다.

이 외에도 가시는 곳 마다 사람들의 선행과 악행을 묻고 들으시고는 상세히 기록하시어 선인에게는 상을 내리시고 악인에게는 벌

---

20) 가마쿠라시대 무가 일족의 적통을 이은 우두머리를 말한다. 영지를 분할 상속한 지토(地頭)의 서자들을 통솔하고, 고케닌(御家人)으로서 가마쿠라막부에 종사하였다.
21) 가마쿠라 막부를 말한다.
22) 영주를 대신해 행정 사무를 보던 관리직이다.

을 주시는 일이 무수히 많으셨다. 때문에 율령국[23])에서는 슈고, 고쿠시가, 장원에서는 지토, 료케領家[24])가 위세는 있어도 교만하지 않았으며 몰래 잘못을 범하지 않아 세상은 순수하던 시절로 돌아갔고 백성들의 집은 윤택해졌다.

다이헤이키太平記

---

* 태수(太守): 무사시노쿠니 고쿠시의 장관(武蔵守)인 호조 야스토키(北条泰時)이다.
* 행각(斗藪)

---

23) 일본의 옛 행정구역 단위이다. 아스카시대부터 메이지 시대 초기까지 일본의 지역을 구분하는 기본 단위였다.
24) 장원제에서 장원의 소유자, 즉 장원 영주를 말한다.

제12과 아메리카 발견 1

우리들이 지금으로부터 400년 전에 태어나 스페인의 한 항구에 잠시 서 있다고 상상해 보자. 스페인은 유럽 대륙의 한 왕국으로서 위치는 대서양에 면해 있고 그 해안에 작은 항구가 하나 있다. 이를 팔로스Palos라 한다. 이는 곧 지금 우리들이 잠시 멈춰서 있는 곳이다. 때는 8월 3일 아침이었고 아직 아침 해가 떠오르기 전 수백 명의 사람들이 부두에 운집하였다. 이는 무엇을 보기 위해서였을까?

이 항구에는 이상한 모양의 배 세 척이 묶여 있다. 그 중 두 척은 갑판도 갖추지 않은 원형의 배이지만 나머지 한 척은 규모가 크고 갑판을 갖추고 있다. 수백 명의 사람들은 누군가를 기다리고 있는 듯한데, 얼마 있지 않아 한 무리의 승객이 서서히 부두를 향해 걸어왔다. 가장 앞에는 사제들 몇 명이 찬송가를 부르며 걸어왔고 그 다음에는 선장으로 보이는 40세 전후의 늠름한 남자가 걸어왔다. 그 용모가 위엄 있으며 사납지 않고 온화하여 많은 어려움이 있어도 굴복하지 않을 것 같은 인상이었다. 그 옆에 두 명의 선장과 항해사가 따르고 그 뒤로 수많은 선원들이 걸어왔다. 그 인원수가 몇 명이었는가 하면 전부 120명이었다.

이렇게 선장, 선원 모두 세 척의 배에 올라탔다. 세 척의 배는 스페인 국기를 휘날리고 각기 돛을 올린 뒤 서서히 서쪽으로 나아갔다. 수백 명의 사람들이 이를 보고 손을 높이 올려 이별을 아쉬워하기도 하고 눈물을 삼키기도 하며 영원한 이별을 슬퍼하기도 하였다. 배가 조금씩 나아가 자욱한 안개 속으로 사라지자 사람들은 모두 슬피 울며 각자 집으로 돌아갔다.

이 세 척의 배를 지휘한 사람은 도대체 누구일까? 바로 이탈리아 제노바Genoa에서 태어난 크리스토퍼 콜럼버스Christopher Columbus이다. 그런데 지금 콜럼버스는 어디를 향해 나아가는가 하면, 인도에 접한 극동의 육지 일본Jipangu, 즉 우리나라로 항해하고자 함이었다. 이는 생각건대 콜럼버스가 유럽에서 서쪽을 향해 나아가면 반드시 아시아 인도의 극동에 도달할 것이라 추측했기 때문이다.

배는 6일을 나아가 카나리아섬Canary에 도달하였다. 이 섬은 아프리카의 한 섬으로 스페인에 속한 땅이다. 유럽인이 왕래하는 것

콜럼버스 항해 선로 지도

은 이 섬으로 한정되어 있었고, 이보다 서쪽으로는 나아간 자는 일찍이 없었다. 콜럼버스는 이 섬에서 배를 수리하고 세상 사람들이 귀신*이 사는 곳이라고 믿었던 대양을 향해 더욱 나아갔다. 이에 용감하고 굳세며 과감한 선원들조차 모두 눈물을 흘리며 두 번 다시 가장 사랑하는 나라로 돌아갈 수 없음을 탄식하였다. 콜럼버스 혼자만이 의연하게 흔들리지 않았으며, 부드러운 어조로 선원들을 위로하였고 때로는 정색하며 그 비굴한 마음을 엄히 경계하였다. 그러나 배를 향해 동풍이 불어와 서쪽으로만 나아가게 하였고, 카나리아섬을 출발한 지 벌써 1개월이 지났다. 콜럼버스는 날마다 그 배가 나아간 해상 거리를 측량하여 이미 스페인에서 2천리里(약 7,854km)나 떨어진 곳으로 나아갔음을 알았다.

---

*부두(埠頭)
*귀신(鬼蜮)

제13과 아메리카 발견 2

이렇게 배가 서쪽으로 나아갈 때는 혹여 육지에 도달하지 못할까 두려워하기도 하고, 육지에 도달할 것이라 기대하며 즐기기도 하였다. 그런데 점차 서쪽으로 나아감에 따라 육지에 가까이 왔다는 여러 가지 징후를 보게 되었다. 즉 수면에 들풀과 해초가 떠 있기도 하였고, 육지에 사는 조류가 멀리서 날고 있기도 하였다. 이 때문에 배 안의 사람들은 때때로 "육지다, 육지다." 하는 소리에 놀라 일어났고, 힘을 내서 그곳에 도달하면 그저 짙은 구름이 하늘을 가리고 있을 뿐이었다.

이렇게 배가 며칠을 더 나아갔지만 도무지 육지에는 도달할 수 없었다. 그러자 선원 모두 콜럼버스의 집요함*을 원망하여 말하기를, "콜럼버스는 아마 정신이상자일 것이다. 그의 명령에 따라 이렇게 계속 나아가면 우리들의 생명도 어떻게 될지 모른다. 그러니 그를 바다 속에 던져 버리고 본국에 돌아가서는 그가 실수해서 익사하였다고 말하자."고 약속하기에 이르렀다. 이때 콜럼버스는 혼자 침착하였고 이런 일에 개의치 않았으며, 단호히 배의 진로를 서쪽으로 잡았다. 그러나 선원들의 원망 소리가 나날이 심해졌기에 콜럼버스는 선원들에게 3일 만에 육지를 발견하지 못하면 바로 본

국으로 돌아갈 것이라 약속했다.

배가 더욱 나아가면서 육지에 가까워진다는 징후가 점차 뚜렷해졌다. 물 위로 풀 따위 따위가 떠다니기도 했고 과실이 붙어 있는 나뭇가지가 떠 있기도 하였으며, 무언가 새겨져 있는 노가 떠내려오기도 하였다. 이러한 징후가 있었기에 배 안의 사람들도 그날 밤 잠을 이루지 못했다.

한편 콜럼버스는 어두운 밤인데도 선실의 가장 높은 곳에 앉아 먼 곳과 가까운 곳을 번갈아 응시하였다. 밤 10시 경이 되자 콜럼버스는 먼 곳에 있는 불빛 하나를 봤지만 진짜인지 아닌지 확신할 수 없었다. 이에 시종에게 물어보니 시종은 진짜 불빛이라고 분명히 말하였다. 그런데 그 불빛을 주시하였더니 나아가는 것 같기도 물러서는 것 같기도 했다. 때문에 육지에서 사람이 이것을 손에 들고 있는 것이란 걸 알게 되었다.

새벽 2시가 되자 앞 서 간 배에서 갑자기 대포 한방을 쏘았다. 이는 육지를 발견한 것을 알리기 위한 것이었다. 이에 3척의 배는

콜럼버스의 상륙

일제히 진행을 멈추고 날이 밝기를 기다렸다. 이윽고 동쪽 하늘이 점점 희미한 빛을 드리우며 일대의 육지가 눈앞에 갑자기 나타났고 울창한 삼림이 보였다. 배 안의 사람들은 이를 보고 크게 놀라 기뻐하였는데 그 중 콜럼버스는 다년간의 숙원을 이루어 그 기쁨을 말로 표현할 수 없을 정도였다.

콜럼버스는 예복을 입고 손에 스페인 국기를 든 채 거룻배*에 올라 제일 먼저 상륙하였고, 바로 대지에 무릎을 꿇고 하느님에게 기도를 올린 뒤, 다시 일어나 검을 뽑고 국기를 땅 위에 세워 이 땅을 스페인 국왕의 영지로 삼았다. 그리고 이 섬을 산살바도르San Salvador라 이름 붙였는데, 당시에는 인도의 한 섬에 왔다고 믿었기 때문에 지금까지도 이 섬들을 서인도라 부르고, 그 원주민을 인디언印度人이라고 한다. 이것이 곧 아메리카 발견의 개요이다.

---

*집요(執拗): 외고집 부리는 것
*거룻배(艀舟)

제14과 비버

비버는 쥐, 토끼, 다람쥐 등과 같은 종으로 북아메리카 및 유럽의 호수와 강에 서식하는 동물이다. 몸이 크기는 3척尺(약 90.9cm) 정도이고 모피는 특히 가치가 있다. 이 때문에 포획되는 일이 적지 않다. 매년 아메리카에서 유럽으로 수출하는 모피는 10만 이상인데 오늘날에 이르러서는 크게 감소했다고 한다.

비버는 수륙 양쪽에 서식하는 동물로 특별히 진기한 점은 스스로 집을 짓는 것과 댐을 세우는 것, 바로 이 두 가지이다. 우선 댐을 쌓아 강물의 유입을 막고, 이로써 항상 수면의 높이를 동일하게 유지한다. 댐의 형상은 강물이 흘러가는 완급에 따라 각각 다르다. 만약 강의 흐름이 완만하면 이를 횡단하는 댐의 방향은 항상 직선을 이루지만, 흐름이 급격하면 댐의 형상은 반원형이 되는 것이 보통이다. 이는 물살을 완화시키기 위함이다. 댐을 만드는 재료로는 비버가 이빨로 자른 나뭇가지나 진흙, 자갈류를 사용한다. 그런데 그 나뭇가지 중에는 버드나무, 자작나무 등이 있어서 나중에 뿌리를 내고 무성해지는 경우가 있다. 그래서 그 댐을 언뜻 보면 물속에 자연의 울타리가 있는 듯하다.

비버의 집은 댐처럼 견고하지는 않다. 집 안의 먹고 자는 곳에

비버

물이 유입되지 않도록 하는 기능만을 갖고 있다. 재료는 댐 재료와 조금도 다르지 않다. 집 맨 윗부분은 원형으로 외관이 마치 벌집과 같다. 벽의 두께는 보통 5, 6척尺(약 151.5~181.8cm)이라고 한다. 여러 마리의 비버가 서식할 수 있을 정도로 큰 집일 경우에는 이를 서너 개의 방으로 구분하고, 각 방에 부부가 쌍으로 함께 기거하며 옆방에는 전혀 드나들지 않는다. 또한 다른 장소에서 돌아올 때에도 다른 방을 자기 방으로 착각하는 경우는 없다. 그렇지만 집 밖에서는 즐겁게 놀며 장난치고, 공동건축을 할 때는 서로 협력하며 대단히 친밀하게 지낸다.

비버의 이빨은 매우 예리해서 항상 이빨로 나뭇가지를 자르고 작은 나무줄기를 물어서 쓰러뜨리기도 한다. 그리고 이빨로 자른 자국은 작은 칼로 자른 것과 다르지 않다. 이들 나무는 집과 댐을 수리하는 데 사용하고, 나무껍질은 벗겨 식량으로 삼는다. 본성은 매우 세심하고 대비를 게을리 하지 않으며, 만일 적이 습격해 오는 등의 일이 있으면 꼬리로 수면을 세차게 때린다. 그러면 집 밖의 비버는 그 신호를 듣고 즉시 물에 잠수하여 집으로 돌아온다고 한다.

제15과 온도계

온도계는 이 물건이 저 물건보다 차가운지 따뜻한지, 혹은 그 차고 따뜻함의 차이는 어느 정도인지를 가리키는 기기이다. 어째서 우리들이 이 기기를 필요로 하는가 하면, 우리들은 누구나 물건의 차고 따뜻함을 스스로 알 수 있다고 생각하지만, 사실 우리들의 감각은 신임할 만한 것이 아니어서 종종 이를 틀리는 일이 많기 때문이다. 이것이 이 기기가 필요한 이유이다.

여기에 감각을 믿지 못할 적절한 사례가 있다. 지금 3개의 컵Cup을 가지고, 첫 번째 컵에는 냉수를 붓고, 두 번째 컵에는 미온수를 붓고, 세 번째 컵에는 온수를 붓는다. 그런 뒤 한 손가락은 온수 안에, 다른 한 손가락은 냉수 안에 집어넣고, 잠시 후에 그 양손가락을 동시에 미온수 안에 넣는다. 그랬을 경우에 냉수 안에 넣었던 한 손가락은 기분 좋은 따뜻함을 느끼고, 온수 안에 넣었던 한 손가락은 기분 좋은 차가움을 느낄 것이다. 이와 같이 우리들의 감각은 믿을 수 없기 때문에 우리들은 비교의 방법을 이용하여 그 감각을 보정해야 한다. 이를 보정 하는 기기가 바로 온도계이다.

온도계는 그 한쪽 끝에 둥근 구슬이 있는 가늘고 작은 유리관으로, 이 안에 액체를 채워 넣은 것이다. 액체는 대개 수은을 사용한다. 수은은 온도의 변화를 정확히 감지하여, 보통의 추위와 따뜻함을 재는 데 특히 적합하다. 이와 같이 온도계를 만든 후에 수은의 오르내림에 따라 이 물체와 저 물체의 차고 따뜻함의 차이를 명확히 나타내기 위해서는 이를 여러 구획으로 나누어야 한다. 이 구획을 눈금이라 한다. 눈금은 유리면에 직접 새기거나 혹은 한쪽 관에 밀착시킨 나무판 또는 금속판에 기입하는 경우도 있다. 이 눈금을 정하기 위해서는 우선 첫 번째로 항상 일정한 두 개의 정점定點을 확정해야 한다. 얼음은 항상 동일한 온도에서 용해되기 때문에 이를 제1의 정점으로 정한다. 또한 물은 일정한 온도에 달하면 끓기 때문에 이를 제2의 정점으로 한다.

이 두 정점 사이를 잘게 구획하여 나눈 것을 도度라고 이름 붙였다. 예를 들어 32°는 삼십이도이다. 그런데 이 구획을 나누는 데에는 여러 방법이 있다. 섭씨Celsius는 이것을 100으로 등분한 것이고, 열씨Reaumur는 이를 80으로 등분한 것이다. 그런데 지금으로부터 150년 전에 파렌하이트Fahrenheit라고 하는 게르만인이 이를 180등분하였는데 영국에서 아직도 사용하는 화씨온도계가 바로 이것이다. 이와 같이 두 정점 사이를 구획하는 도수는 서로 같아야 하는데, 그 한 점은 얼음이 용해하는 온도, 다른 한 점은 물이 끓는 온도인 것이 조금도 다를 바 없다. 그러나 섭씨와 열씨온도계는 0도를 얼음의 용해점으로 정해 놓았지만, 화씨온도계는 32도를 얼음의 용해점이라 정해 놓았다. 그 당시에는 과학이 아직 발달하지 않았으므로 화씨는 0도를 최저 온도라고 판단한 것이다.

얼음의 용해점과 물이 정확히 어는점이 동일하기 때문에 보통 이를 용해점이라 하지 않고 빙점이라고 한다. 화

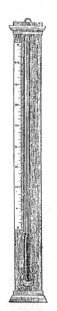

화씨온도계

씨 법에 의해 이 빙점, 즉 32도에 180도를 더해 212도를 물의 끓는 점이라 하였다. 또한 춥지도 덥지도 않은 보통의 온도를 55도라 정하고, 여름날의 열기를 76도, 인간의 혈액 온도를 98도로 하였다. 지금 누구나 겨드랑이 밑에 온도계를 넣어 두면 춘하추동 가리지 않고 그 수은이 항상 반드시 98도점에 이를 것이다.

온도계의 얇은 관을 채우는 데는 대개 수은을 사용한다. 그렇지만 알코올Alcohol을 사용하는 것도 있다. 알코올은 오늘날까지도 아직 얼리지 못하는 액체이기 때문에 대단히 차가운 온도를 재는 데에 꼭 필요하다. 이 외에 고체 온도계, 가스 온도계가 있다고 하는데, 물론 평범한 것은 아니다. 세상 사람들에게 잘 알려져 있는 것은 수은과 알코올 온도계이다.

제16과 샌프란시스코

샌프란시스코San Francisco는 북미합중국 캘리포니아주California의 무역도시로 합중국의 열 번째 가는 도시이다. 이 도시는 샌프란시스코항의 남서쪽에 있는 지협의 북단에 자리하며 뒤쪽에 구릉이 있고 태평양과 샌프란시스코항의 바닷물 사이를 가른다.

이 도시의 **빠른** 발전은 다른 곳에서는 유례를 찾아 볼 수 없다. 지금으로부터 수십 년 전에는 몹시 비좁고 답답한 마을로 그 이름을 세르바부에나Serba Buena[25]라 하였다. 그 당시에는 거주민이 겨우 500명 정도로 모피, 수지 등의 판매를 업으로 삼았다. 그런데 금광을 발견한 뒤, 동부 여러 주의 사람들이 잇따라 이주해, 인구는 십여 년 전에 이미 15만 명에 육박했다.

이 도시에는 광활하고 가지처럼 곧게 **뻗은** 도로가 수십 개 있다. 프론트Front, 배터리Battery, 샌섬Sansom 세 길은 거대한 상점이 즐비해 있고, 캘리포니아 길에는 샌프란시스코 금융을 좌우하는 각 은행이 있다. 또한 키어니Kearney, 몽고메리Montgomery, 부시Bush, 파인Pine 등의 거리는 모두 상업이 번성한 곳이다. 반네스Van Ness의 큰

---

25) 예바브웨이나(Yerba Buena)를 잘못 표기한 것으로 보이나 원문 그대로 번역하였다.

거리에는 부호들이 크고 훌륭한 저택을 마련해 살고 있다.

주청사州廳는 그 구조가 매우 아름다운데, 이 건축에 대략 400만 불의 거액을 들였다. 또한 합중국 신 조폐지국은 그 건축비가 150만 불이다. 또한 세관, 상법 강습소, 캘리포니아 은행 역시 웅장하며 아름다운 건축이다. 팰래스 호텔Palace Hotel은 전 세계에서도 드문 여관으로 여행객 1,200명을 수용하기에 충분하다. 사원은 대부분 구교에 속하며 그 수는 23개이다. 이 외에 해륙군 병원, 고아원, 소학교, 극장 등 그 수를 일일이 셀 수 없다. 또한 도시 안에 중국인이 거주하는 시가지가 있다. 가옥은 중국풍으로 지어졌다. 마을 안에는 아편 끽연소, 도박장, 극장, 사당 등이 있다. 중국 상인 중에는 자산이 대단히 많고 상권을 장악한 자가 적지 않다.

애초에 이 항구는 캘리포니아 주의 요충지였으며, 미국 서부의 중요한 곳이다. 증기선은 남쪽 바다의 여러 항구 사이를 정기적으로 항해하고, 태평양 쾌속선은 우리나라 및 중국 사이를 왕래한다. 태평양에 면한 여러 나라와 북미 합중국을 출입하는 대부분의 여행객, 화물은 이 항구에 들러야 한다. 마치 동서의 여행객이 출입하고 다양한 상품이 드나드는 문과 같아 특히 우리나라와 미국과의 무역에 있어 가장 중요한 항구 중 하나라고 해야 할 것이다.

제17과 기름의 종류

　기름은 동물, 식물, 광물의 세 종류로 만들어진다. 동물로 제조하는 것에는 고래 기름, 생선 기름, 간 기름肝脂 등이 있다. 식물로 제조하는 것은 유채, 참깨, 들깨, 비자나무, 호두, 유동, 올리브Olive 등의 여러 기름으로 그 종류가 매우 많다. 또한 광물에서 제조하는 것은 석유로 원래 이것은 천연으로 생기는 석뇌유를 정제한 것이다.

　기름의 종류는 이와 같이 많아서 어떤 것은 식용으로 제공되고, 어떤 것은 등유에 이용하며, 어떤 것은 약용 혹은 각종 제조에 이용하고, 또 한 종류로 이들의 모든 용도를 겸하는 것도 없지 않으며, 또한 한 가지 용도로만 제공되는 것도 있다. 요컨대 이들은 일상에 사용하는 것이기 때문에 제조법과 같은 것도 어느 정도 잘 알아 두는 것이 중요하다. 이에 참기름과 유채 기름 두 종류에 대해 해설하고자 한다.

　참기름은 참깨 종자로 만드는 것이므로 우선 참깨의 형태를 알 필요가 있다. 참깨의 줄기는 길이가 2,3척尺(약 60.6~90.9cm)이며 짧은 털이 나 있다. 그 잎은 좁고 길며, 새싹은 물결 모양을 하고 있다. 꽃은 잎겨드랑이에 피는 것으로 형태는 통 모양이다. 통의 말단은 다섯으로 갈라지고 백색에 엷은 자줏빛을 띤다. 꽃이 떨어지면 사각, 혹은 육각의 포자낭을 맺고 그 안에 종자가 생긴다. 종자에는 백색, 흑색, 다갈색의 세 종류가 있다. 백색의 종자를 흰 참깨라고 하고, 검정색 종자를 검은 참깨라고 하며, 다갈색 종자를 깨라고 한다. 대개 6월에 뿌려서 9월에 수확하는 것이 일반적이다.

참기름을 만들기 위해서는 그 종자를 볶고 빻아 분말로 만든 뒤, 다시 이를 나무 찜통에 옮겨 찐다. 그런 후에 기름 짜는 기계로 압착하여 기름을 짜낸다. 이것이 대략적인 제조법이다. 이 기름은 대부분 식용으로 제공되고, 약용이나 머릿기름으로도 사용된다. 또한 기름으로 짜내지 않는 종자를 조미에 사용하게 되면 향기롭고 그 맛이 좋다. 경단*에 묻히거나 두부 안에 섞어 넣을 수도 있다.

유채는 보통 평지菜種라 칭하며, 가을에 씨를 뿌리면 이듬해 5~6월에 다 자란다. 꽃은 황색이며 그 꽃잎이 십자형을 이룬다. 꼬투리는 가늘고 길며 그 안에 수많은 작은 종자가 있다. 그 작은 종자를 짜서 기름을 만드는 것이 참기름의 제조법과 다르지 않다. 종래에 사용해 온 등유는 대부분 이 기름이다. 또한 이 기름은 머릿기름, 고약 등을 만드는데 사용하고 깻묵은 비료로 사용하면 가장 좋다.

---

*경단(糕料): 과자의 한 종류이다.

제18과 몽골 침입

몽골은 중국의 북쪽에 위치한다. 테무친 시기에 이르러 여러 나라를 공격하여 멸망시킨 뒤 처음 황제란 칭호를 사용했고, 오고타이 때 송나라와 약정을 맺어 금나라를 멸망시키고 그 기세가 더욱 커졌으며, 쿠빌라이 때가 되어서는 더욱 강대해져 송나라의 고을 대부분을 침략하고 이웃 나라들도 모두 정복하였다. 그러나 우리나라만은 사신조차 보내지 않았는데, 지금으로부터 600여 년 전, 1268년(분에이文永 5년)에 몽골이 고려인을 안내자로 삼아 우리나라에 서면을 보내 말하기를, 공물을 바치지 않으면 군대를 보낸다고 했다. 조정에서는 의견이 분분하여 답신을 보내시지 않고 있었는데, 당시 간토関東지역을 집권하고 있던 호조 도키무네北條時宗26)가 서면의 문장이 무례하다며 결국 답신을 보내지 않았다. 이후 몽골의 사신이 여러 번 찾아 왔지만 다자이후大宰府27)에서 이를 모두 돌려보냈다.

1274년(분에이文永 11년) 10월 몽골 군사 30,000여 명이 쓰시마對馬

---

26) 가마쿠라 막부 제5대 싯켄 호조 도키요리의 적장자이자, 제8대 싯켄이다.

27) 예부터 교통의 요지로서 대륙에 대한 방어기지로 설치된 지방행정기관이다.

로 난입하였다. 슈고다이守護代28)인 소 스케쿠니宗助国가 이를 막아 싸웠으나 뜻을 이루지 못하고 결국 패하게 된다. 이후 몽골은 다시 배를 타고 이키壹岐에 몰려와 전투를 벌였는데 이때 슈고다이守護代인 다이라노 가게타카平景隆도 전사하였다. 몽골은 그 당시 두 개의 섬을 차지하고, 히젠肥前지방의 마쓰우라松浦, 지쿠젠筑前지방의 하카타博多 등에도 난입하였다. 우리나라 병사들은 이 운명의 갈림길에서 싸우다 부상을 당하거나 전사하였고, 도망치려고 하는 이도 많았지만, 쇼니 가게스케少貳景資는 버티고 활시위를 당겨 적장인 유복형劉復亨을 사살하였다. 이때 큰 비바람으로 외적의 많은 배가 표류하다 가라앉았으며 결국 몽골은 멀리 도망갔다.

이후 몽골은 국호를 원으로 바꾸었다. 1275년(겐지健治 원년)에 원나라가 우리의 답신을 반드시 받아 내고자 또 다시 두세충杜世忠과 하문저何文著 등을 나가토長門로 보냈는데, 호조 도키무네가 이들을 가마쿠라로 불러들여 다쓰노쿠치龍口에서 참수하였다.

당시 원나라는 송나라를 멸망시켜 국위가 더욱 높았기 때문에, 우리나라가 또다시 사신을 죽인 것에 대해 크게 분노하여, 1278년(겐지健治 4년) 7월 중국, 몽골, 고려의 병사들을 수천 척의 배에 싣고 우리나라로 향했다. 병사들은 손쉽게 이키를 공격하여 빼앗고, 노코能古, 시가志賀 두 섬에 배를 보냈다. 이에 구사노 지로草野二郎는 밤에 접근하여 적의 배에 올라타 이십여 명의 목을 베었다. 그 후에는 적들도 철저히 경계하여 배들을 한 데 묶고 접근하는 자를 향해 석궁을 쏘았기 때문에 다가갈 수 있는 자가 없었는데, 고노 미치아리河野通有가 배로 진격했다. 이때 적이 석궁을 쏘아 왼쪽 어깨에 강하게 맞았다. 이 때문에 활을 제대로 당길 수도 없어 한 손으

적의 배가 바다 위에 표류하다.

로 돛대를 부러뜨려 적의 배에 걸쳐 꽂고 그 배에 옮겨 타 수많은 적의 목을 베고 적장 한 사람을 포로로 삼았다. 적은 이러한 상황을 피하기 어려워 결국 기슭에는 올라오지 않고 아득히 먼 바다 다카시마鷹島로 갔다.

그런데 7월 말일 한밤중부터 서북풍이 매우 심하게 불어왔기 때문에 적의 배가 모두 표류하였고, 해상에서는 많은 이들이 연달아 죽음을 맞이하여 돌연 사체들의 섬을 이루게 되었다. 그럼에도 불구하고 몇 척의 배가 다카시마로 떠밀려 왔고 살아남은 병사들이 난파선을 고쳐서 도망가려고 했는데, 이때 쇼니 가게스케 등이 밀어닥쳐 남아 있는 적은 인원마저도 완전히 무찔렀다. 그 중에는 항복을 하려는 자가 1,000여 명 있었지만, 이들 모두를 참수해버렸다. 이때 원나라의 병사는 십만 명 중 겨우 세 명만이 살아서 돌아갔으며, 고려의 병사는 10,000명 중 죽은 자가 7,000여 명에 이르렀다고 한다.

이 전쟁으로부터 550년 정도가 지나 아키安藝지방의 라이산요頼山陽가 몽고래蒙古來라는 시를 지어 일본악부日本樂府29)에 실었다. 이 시는 당시의 모습을 매우 잘 표현하고 있다.

---

29) 라이산요가 1828년에 완성한 시집으로, 쇼토쿠 태자부터 도요토미 히데요시까지의 일본사를 제재로 하였다.

제19과 몽골군이 오다

지쿠젠 바다築海에서는 태풍이 하늘까지 검게 이어져 있다.

바다를 뒤덮고 오는 자는 어떠한 적인가.

몽골이 온다, 북쪽에서 온다.

동서의 나라를 차례로 정복하려

조가趙家의 노과부30)를 위협해서 얻고

이를 데리고 와 무기를 들이댄다,31) 이 남아의 나라에.

사가미 다로相模太郎32)는 담이 큰 항아리와 같이 크고

바다를 수호하는 무사들은 각기 힘을 다하여 싸운다.

몽골이 온다. 하지만 나는 두려워하지 않는다.

내가 두려워하는 것은 간토関東33)의 산과 같은 명령이다.

즉시 진격하여 적을 베고 뒤돌아보는 것은 허락지 않는다.

우리의 돛대를 쓰러뜨리고 적의 군함에 올라

적의 장수를 포로로 잡고 우리 군은 함성을 질렀다.

---

30) 나이든 과부와 같이 완전히 쇠망한 남송을 가리킨다.
31) 몽골이 정복한 남송의 군대를 데리고 와 일본을 공격하게 한 일을 말한다.
32) 가마쿠라막부 제5대 싯켄 호조 도키무네(北条時宗)가 유소년 때의 이름이다.
33) 가마쿠라막부를 뜻한다.

분하게 생각해야 할 것이다, 동풍이 큰 파도를 일으켜
오랑캐의 피를 전부 일본도에 묻히지 못했음을.

제20과 바람의 원인 1

바람이란 공기가 흘러 움직이는 것으로 마치 물이 강과 바다로 흘러 움직이는 것과 같다. 물은 높은 곳에서 낮은 곳을 향해 흘러 가지만 공기는 그 양이 무거운 곳에서 가벼운 곳을 향해 흘러간다. 그리고 유동을 일으키는데, 특히 크게 작용하는 것은 서로 다른 공기의 온도이다.

무릇 일광이 내리쬘 때 토지는 장소마다 동일하게 열을 받지 않으며, 그 열을 받는 차이도 대단히 심하다. 또한, 토지에 내리쬐는 열의 양은 서로 같지만, 지상에 있는 물질이 열을 흡수하는 정도는 서로 균등하지 않다. 예를 들어 낮에 나무 그늘, 가옥, 삼림, 물가의 온도는 항상 건조한 토지, 암석, 지붕 위, 평야들과 비교할 때 특히 낮다.

토지가 열을 받는 것은 각 장소에 따라 서로 다르기 때문에 특히 열을 빠르고 많이 받아들이는 토지의 공기는 곧 팽창하여 높이 올라간다. 그럴 때 대기 중에 공기가 희박한 부분이 생기면 한랭한 지역에서 차가운 공기가 이동하여 반드시 이를 채운다. 이것이 바로 공기의 운동이다. 나무 그늘, 삼림, 호숫가, 해안 등에 항상 미풍이 부는 것은 희박한 공기와 짙은 공기가 순환하기 위해 움직임을 만들어 내는 데서 비롯한다. 그런 까닭에 바람이 생기는 곳에는 반드시 공기 상층과 하층에 반대 운동이 생긴다. 이것을 증명하기 위해서는 다음과 같은 한 가지 방법이 있다.

증명을 위해 가옥 안에 서로 이웃한 방 두 곳을 골라 이를 실험장으로 한다. 우선 이 중 한 방을 한랭한 곳으로 또 다른 방을 온난한 곳으로 만든 뒤, 두 방의 서로 마주한 벽 세 군데에 구멍을 뚫고 구멍의 위치를 상, 중, 하의 세 단으로 만든 뒤 그 구멍 앞에 각각 한 개씩 초를 세우고 불을 붙인다. 그런 경우 하부의 촛불은 추운 방에서 따뜻한 방을 향하고, 상부의 촛불은 따뜻한 방에서 추운 방을 향하며, 중간의 촛불은 그 방향이 일정하며 조금도 움직이지 않는다. 이로써 춥고 따뜻한 방 사이에는 항상 위에서 아래로 반대되는 공기가 움직인다는 것을 알 수 있을 것이다.

공기의 움직임은 이러한 실내에서만 이루어지는 것이 아니기에, 바다와 육지가 서로 마주한 지역에 사는 사람은 항상 정시에 바람이 분다는 사실을 알 것이다. 낮에는 육지의 윗부분이 열기를 많이 받기 때문에 이에 접촉한 공기는 팽창하여 상승하게 되고 상승하면서 지상의 온열과 습기를 갖고 간다. 그런 경우 바다로부터 차가운 공기가 불어와 이를 대신한다. 이를 해풍이라고 한다. 밤에는 이와 반대로 바다가 육지에 비해 온난하기 때문에 이에 접하는 공기는 항상 팽창하여 상승하게 된다. 이 때문에 육지의 공기가 즉각 이동해 와서 이를 대신한다. 이를 육풍이라고 한다. 이와 같이 해륙풍은 밤낮으로 그 방향을 바꾸는데 이것 역시 정시풍의 일종이다. 그런데 우리가 해륙풍이라고 부르는 것은 공기의 하부에 생기는 움직임에 대해서 말하는 것이지만, 하부에 움직임이 생기는 것은 상부에 반드시 이와 반대되는 움직임이 있다는 것이다. 이는 이미 앞에서 제시한 바와 같다.

제21과 바람의 원인 2

　해륙풍이 발생하는 곳은 그 지역이 좁지만, 지구상에는 지극히 넓은 지역에서 발생하는 공기의 운동이 있다. 이 운동이 어떠한 것인가 하면 이 역시 해륙풍과 같이 공기가 일정한 시간에 운동하는 것이다.

　열대지방은 사시사철 대단히 많은 열기를 받아들이기 때문에 이 지역의 공기는 항상 팽창하여 위로 올라간다. 그러나 양극 지방의 한랭한 공기가 항상 열대로 불어와 이와 교체된다. 이것이 곧 세상 사람들이 말하는 무역풍이라는 것이다. 또한, 그 상승한 공기는 무역풍과 반대 방향인 양극을 향해 진행하고 점차 차가워지다 결국 지면에 도달하게 된다.

　만약 지구가 자전하지 않는다면 남극지방에서 불어오는 바람은 남풍이, 북극지방에서 불어오는 바람은 북풍이 되어야 할 것이다. 또한, 열대지방에서 남극을 향해 부는 바람은 북풍이, 북극을 향해 부는 바람은 남풍이어야 한다. 그런데 실제로는 북극지방에서 불어오는 바람은 북동풍이 되며, 남극지방에서 불어오는 바람은 남동풍이 된다. 또한, 열대지방에서 부는 바람은 남반구에서는 북서풍이 되며, 북반구에서는 남서풍이 된다. 이것은 과연 무엇에 의한 것인가 하면 오로지 지구의 자전에 의한 것이다.

　지구의 자전에 의해 이처럼 바람의 방향이 바뀌는 까닭은 지구 본을 보면 자연히 명확해질 것이다. 지금 지구는 24시간에 1번 돌아가는데 그 각 부분이 움직이는 속도에는 물론 차이가 있다. 적도 주위는 가장 크기 때문에 1시간에 1,000마일 이상을 회전해야 한다. 그런데 러시아의 수도인 상트페테르부르크는 적도와 비교하면 그 주위가 거의 반밖에 되지 않는다. 이 때문에 그 회전 속력 또한 반이 된다. 이처럼 지구의 각 지역 별 회전 속력에는 차이가 있고, 이를 둘러싼 각 부분의 공기 또한 이와 동일한 속력을 받게 된다. 예를 들어 열대에서 북극으로 부는 바람은 한 시간에 1,000마일 이상의 속력으로 진행한다. 하지만 점차 북쪽으로 진행함에 따라 지구의 회전 속력은 점차 느려지고 바람의 진행은 이에 비례해 점차 빨라지므로 지구의 동쪽 회전과 상반된 남서풍이 된다. 그런데 북극에서 열대로 부는 바람은 완전히 이와는 반대의 작용을 하여 북동풍이 되는데, 이 역시 같은 원리로 유추할 수 있을 것이다.

　열대에서 양극으로 부는 바람은 진행하면서 점차 수분을 잃어가다가 남극과 북극에 다다랐을 땐 매우 차가운 바람이 된다. 한편 양극에서 불어오는 바람은 처음에는 매우 차갑지만, 진행하면서 조금씩 열을 받아들이게 되고 결국엔 극히 많은 수분을 흡수하게 된다. 이 두 종류의 반대풍은 극명한 차이가 난다.

제22과 통기

통기通気란 어떠한 것이냐 하면, 바로 신선한 공기를 들이고 더러운 공기를 없애는 것을 의미한다. 이것이 어떻게 이루어지는지 알기 위해서는 우선 가스의 성질을 이해해야 한다. 보통 가스는 따뜻해지면 팽창하고 그 중량이 몹시 가벼워진다. 한편 가스는 차가워질수록 수축하고 그 중량이 몹시 무거워지는 것이 자연의 법칙이다.

사람이 입에서 내뱉는 탄산가스는 보통 공기보다 따뜻하고 가볍다. 때문에 통기가 잘 안 되는 실내에서는 반드시 천장 밑에 더러운 공기가 가득 차게 된다. 만약 너희들이 스스로 이를 알고자 한다면 사다리를 세워 놓고 그곳에 올라가거나, 연극 공연장의 높은 곳에 있으면 더러운 공기가 가득 찬 것을 분명 알게 될 것이다. 통기의 가장 좋은 방법은 탄산가스가 한층 따뜻해지고 가벼워졌을 때 이것을 실내에서 배출하는 것이다. 만약 그렇지 않고 탄산가스가 온기를 잃고 수축했을 때는 질량이 무거워져서 밑으로 내려와 마루에 가득 차게 될 것이다. 오래된 우물 등에는 탄산가스가 항상 가득 차 있어, 이곳에 내려간 사람이 즉시 질식해 죽게 되는 것이 바로 그 일례이다.

이러한 이유로 우리들의 가옥에는 더러운 공기를 없애고 신선한 공기를 받아들일 곳을 마련해 놓아야 한다. 서양식 가옥에서 많은 사람이 함께 만났을 때는 반드시 창문의 상부를 열어 더러운 공기를 내보내고 하부를 열어 신선한 공기가 들어오게 해야 한다. 또한, 일본식 가옥에는 이처럼 편리한 것은 없지만, 난간에 작은 창문이 있는 집이라면 이것을 항상 열어 둘 필요가 있다. 다만 일본식 가옥은 그 건축이 성기기 때문에 밀폐된 서양식 가옥에 비하면 통기의 편의성이 매우 좋아 우리나라 사람들은 통기 방법에 전혀 관심을 가지지 않았다. 이처럼 성기게 가옥을 건축했을 때에는 피해가 적었지만, 점차 견고한 집을 짓게 되었기 때문에 이것에 특히 주의해야 한다.

그런데 고대 사람들은 이러한 것에 주의하지 않아도 그 신체가 강건하여 장수하는 사람이 많았던 것은 어떤 연유인지 묻는 자가 있을 것이다. 이는 야만인들이 활발하고 강건하여 대부분 건강하다고 하는 말과 의미하는 바가 같다. 야만 시대에는 그 종족 중에 강건한 자만이 생존하고 절반 이상은 교양이 몹시 부족하여 절멸했음이 명확하다. 이러한 까닭에 야만인들은 그 수가 증가하지 못하고 오히려 감소한 사실이 있다. 이것이 우리들의 선조가 급격히 그 수를 늘리지 못하고 수백 년간 차츰 그 수를 늘린 이유이다.

지금으로부터 수십 년 전의 사회 상황과 사람들의 건강을 살펴보아도 질병으로 사망하는 사람의 수가 오늘날에 비해 현저히 많았다. 이는 각 개인이 위생법을 알지 못한 까닭에, 더러운 공기에서 발생하는 각종 전염병이 특히 그 세력을 떨쳤기 때문이다. 사람들이 빽빽하게 모여 있는 장소에서는 더러운 물을 마시고 더러운 공기로 호흡하기 때문에 항상 역병의 소굴이 되는 것이 그 명백한 예가 아니고 무엇이겠는가. 때문에 통기의 좋고 나쁨이 인간의 수명과 행복을 좌우하는 원천이 됨은 결코 의심의 여지가 없는 일이다.

제23과 옻 이야기

옻은 일본, 중국의 산물로 일본산을 특히 최상품으로 여긴다. 또한 칠기는 예로부터 우리나라의 명물로 외국인이 크게 칭송하는 바이다. 지금은 우리나라 곳곳에서 칠기를 만들어 지역용으로 제공하거나 외국에 수출한다. 때문에 여러 지방에서 제조하는 양이 많아 옛날과 비교하면 그 수가 몇 배인지 알지 못할 정도이다. 그리고 제조하는 곳에서는 지극히 정교하게 물건을 제조해야 하는데, 때때로 옛것에 미치지 못해 명성에 다소 해를 끼치는 듯하다.

옻나무는 산지나 길가 등에 심는 것이 보통이다. 그 성질은 습지를 좋아하고 추운 땅에 가장 잘 맞는다. 줄기는 똑바로 위로 뻗으며 높이는 1~2장丈(약 3.03~6.06m), 둘레는 한 척尺(약 30.3cm) 남짓되는 것이 보통이다. 외피는 회백색이며 거칠다. 잎은 겹잎으로 한 줄기에서 7개의 잎, 혹은 9개의 잎이 난다. 꽃은 여름에 피고 색이 황백색을 띠며 암수, 각각 그 그루가 다르다. 열매는 가을에 익으며 형태는 납작한 원형의 황갈색이다. 옻을 왕성히 채취하는 지방에서는 씨를 뿌린 뒤 4~5년에서 7~8년 사이에 옻을 채취하고, 그 이후에는 벌채하기 때문에 큰 나무를 볼 수 없다. 또한, 열매를 짜내어 밀랍을 제조하는 곳도 있다. 이들 지방에서 나는 나무는 둘레

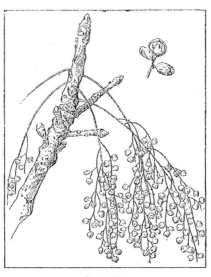

옻나무 열매

가 큰 나무가 많다. 단, 옻을 채취하는 자는 열매를 따지 않고, 열
매를 따는 자는 옻을 채취하지 않는다는 것을 알아야 한다.

옻은 옻나무, 개옻나무 등의 나무껍질에 상처를 내서 채취한 진
액으로, 여름 복날土用부터 추분까지 채취한 것을 가장 좋은 것으로
여긴다. 야마토大和, 에치젠越前 및 동북 여러 지방에서 나는 것이
특히 유명하다. 이것을 채취하는 방법은 우선 긁기 낫搔鎌이라는 도
구로 나무껍질에 가로로 상처를 내고 또 긁기 낫의 뒤쪽 뾰족한 부
분으로 또다시 그 중앙에 상처를 내면, 그 상처 부위에서 하얀 액
체가 스미어 나온다. 이를 철제 주걱으로 긁어내어 허리에 맨 통에
담는다. 상처를 내는 방법은, 한 그루의 나무에 상처를 다 내면 다
음에 다른 나무에 또 다시 차례로 상처를 내어 진액을 채취하고,
그 날로부터 나흘이 지나면 다시 전에 한 방법 그대로 그 흉터 위
에 상처를 낸다.

옻의 종류는 몹시 많다고 하는데 이 모두 칠기의 원료로 삼는다. 칠하는 방법에는 여러 종류가 있어서, 하나하나 이를 다 헤아리기는 힘들다. 고귀한 것에는 마키에蒔絵,[34] 자개가 들어 있는 것 등이 있다. 또한 민간에서 특히 많이 사용되는 것에는, 난부南部옻칠, 아이즈會津옻칠, 쓰가루津輕옻칠, 와지마輪島옻칠, 슌케이春慶옻칠, 노시로能代옻칠 등이 있다. 이 외에도 옻으로 문의 차양을 칠하고, 신전을 칠하고, 교량을 칠하고, 수레車를 칠하는 등, 세월이 흘러감에 따라 그 쓰임은 더욱 다양해지고 있다.

---

34) 옻공예 기법 중 하나로 칠기 표현에 금가루, 은가루, 조개껍데기, 안료 등으로 무늬를 놓고 문질러 윤을 낸다.

제24과 다이토노미야

다이토노미야大塔宮[35]는 고다이고後醍醐천황의 셋째 아들이다. 천황이 그 영민함을 각별히 아껴 황태자로 삼으려 하셨지만 호조 다카토키北條高時 때문에 뜻을 이루지 못하셨다. 이에 친왕은 머리를 자르고 승려가 되었고, 사원의 좌주座主[36]를 맡아 다이토大塔에서 살았다. 이 때문에 세상 사람들은 그를 다이토노미야라 불렀다.

천황은 호조 가문北条氏의 전횡을 몹시 증오하여 친왕과 함께 긴밀히 그 멸망을 꾀하였다. 그러는 사이에 그 계략이 새어나가 동군東兵[37]이 와서 천황을 잡겠다고 하여 결국 가사기야마笠置山으로 피신하였다. 이때 구스노키 마사시게楠正成[38]는 아카사카赤坂에 성을 쌓아 적군을 방어하였으며, 친왕 또한 스스로 동군과 맞서 싸워 이를 물리치려 했지만 결국 패하여 남부 한냐지般若寺에 몸을 숨겼다. 가사기笠置가 함락되자 적군은 다시 절을 에워싸고 친왕을 찾았지만, 친왕은 몸소 경함経函* 안으로 숨어들어 가 겨우 탈출할 수 있었다.

---

35) 고다이고 천황의 아들인 모리요시 친왕(護良親王)의 별칭이다.
36) 천태종 최고 지위의 승려를 말한다.
37) 동쪽의 가마쿠라 막부에서 온 병사를 가리킨다.
38) 가마쿠라시대 말기~남북조 대의 무장으로 고다이고 천황을 도와 가마쿠라 막부 멸망시키고 겐무정권을 세우는 데 공헌했다.

친왕은 그를 따르는 무사 9명과 함께 수도자로 변장하고 도쓰카와十津川로 달아나 그 지역의 호족인 도노 효에戸野兵衛란 자에게 의지하였고, 결국에는 머리를 기르고 이름을 모리요시護良로 바꾸었다. 적군이 이러한 사실을 듣고 그의 목을 천금에 사들이려 했기에, 친왕 역시 이곳에 머무르지 못하고 다시 피신하여 요시노吉野로 들어갔다. 이때 절을 성으로 삼아 적군을 방어하니 적이 대거 몰려와 공격하였고 7일 밤낮으로 고전하였지만 결국 함락 당했다. 그때 무사 무라카미 히코시로 요시테루村上彦四郎義光라는 자가 친왕의 옷과 갑옷을 입고 성의 망루에 올라 큰소리로 외치기를 "지금 폐하의 셋째 아들 모리요시는 역신에게 패망하여 이제 스스로 목숨을 끊으려 합니다"고 하였다. 그리고 즉각 갑옷을 벗어 할복하고 다시 그 칼을 입에 관통시키고는 쓰러져서 죽음을 맞았다. 친왕은 이 덕분에 시간을 얻어 결국 고야산高野山으로 피신하였다.

　이윽고 닛타 요시사다新田義貞는 친왕의 명을 받아 의병을 일으켜 호조 가문을 토벌하였고 간토關東지역에 그 위세를 떨쳤다. 이에 천황 역시 수도로 돌아갈 수 있게 되었다. 당시에 아시카가 다카우지足利尊氏는 관위와 녹봉 모두가 닛타 가문 보다 높았지만 친왕과 요시사다의 공을 시기하여 비밀리에 이들을 해치려 하였다. 친왕 역시 다카우지의 배반을 알아채고 그를 죽일 것을 천황께 청하였지만 허락받지 못했다. 아시카가 다카우지는 친왕을 더욱 증오하게 되어, 천황의 애첩인 후지와라와 결탁하여 친왕이 반역을 도모했다고 무고하였다. 천황은 크게 진노하였고 결국 친왕을 잡아 궁중에 유폐하였다. 친왕은 분하고 원통하여 아는 궁인을 통해 서한을 올리려 하였으나 감히 이를 전하는 이가 없었다.

　그 후에 아시카가 다다요시足利直義에게 명하여 친왕을 가마쿠라로 옮겨 유폐하였다. 그러는 사이에 호조 가문의 잔당이 가마쿠라

후치베 요시히로가 모리요시 친왕을 토굴 안에서 죽이다

를 습격하였고 다다요시는 바로 도망을 가기 위해 후치베 요시히로淵辺義博를 보내 친황을 죽이게 하였다. 친왕은 마침 불경을 외우고 있었는데, 요시히로가 그의 무릎을 베어 쓰러뜨리고는 가슴에 올라타 목을 향해 칼을 찔렀다. 이에 친왕이 목을 움츠리고 칼끝을 꽉 물었고 이 때문에 칼끝이 부러졌다. 요시히로는 다시 작은 칼을 뽑아서 그를 죽였다. 그의 나이 28세였다. 요시히로는 그의 목을 들고 가 다다요시에게 보여주려 했지만 여전히 눈을 감지 못하고 칼끝을 입에 물고 있는 모습을 보고는 결국 버리고 떠났다. 지금 가마쿠라의 니카이도가야쓰二階堂谷에 모셔진 가마쿠라구鎌倉宮는 바로 이 토굴의 유적이다.

---

*경함(経函): 경문을 넣은 상자
*산적(山寇): 산 중에 살고 있는 도적류

제25과 검약

일 전도 낭비하지 않는다면 일 원은 저절로 찾아온다는 말은 사람들이 항상 얘기하는 바이다. 이는 작은 것을 경시하지 않는다면 저절로 큰 것을 얻게 될 것이라는 것을 뜻한다. 작은 것을 경시하지 않는 행위를 우리들은 검약이라 칭한다. 그렇지만 세상 사람들이 검약이라고 말하는 것은 단지 금전을 낭비하지 않는 것을 의미한다.

사람이 왜 금전을 낭비하면 안 되는지는 설명할 필요조차 없을 것이다. 금전을 가지면 의·식·주 그 외에 필요한 용품을 얻을 수 있는 것은 당연한 일인데, 게다가 이를 저축해서 비상시에 사용할 수 있도록 마련해 놓으면 어떠하겠는가? 즉, 하루아침에 직업을 잃어도 일가 친족의 아사를 염려할 필요는 결코 없을 것이다. 그리고 다른 직장에 취직할 때도 본인이 할 수 있다고 믿는 것을 선택할 여유가 있다. 모두가 각자 본인이 할 수 있을 것이라고 믿는 직무를 맡았을 때 반드시 큰 성과를 내게 된다. 그런데 평생 저축에 뜻이 없는 사람이 갑자기 직업을 잃었을 때 그 사람의 낭패는 어찌할 것인가. 그러할 때 목마른 자가 마실 것을 가릴 수 없듯이 적당한 직업을 고를 여유가 없어서 때때로 실패하는 것은 우리들이 항상 보고 듣는 바이다.

금전을 저축할 때는 그것을 더하여 늘리는 것이 마치 한 방울의 물이 서로 모여 호수와 강이 되는 것과 다름없다. 고로 금전의 액수가 적더라도 이를 낭비하지 말아야 한다. 가능한 한 저축하고 영구적인 계획을 세워야 한다. 이것을 저축하기 위해 전국 도처에 우편저금예치소郵便貯金預所가 있다. 일단 이것을 저금예치소에 맡기면 줄어드는 일이 없고 늘어나는 일만 있을 뿐이다. 예를 들어 매월 10전씩 맡기면 10년이 지나서 대략 15원 정도가 될 것이다. 그러나 실제로 맡긴 것은 12원이다. 만일 매월 20전씩 맡겼을 때에는 10년이 지나서 대략 30원 정도가 될 것이다. 그러나 실제로 맡긴 금전은 24원이다. 이와 같이 금전은 점차 증식하기 때문에 유년기 때부터 이를 낭비하지 않고 저축해야 한다. 그랬을 경우에는 성장한 후에 한 가지 직업을 영위하는 자본을 만드는 것이 결코 어렵지 않다.

결국 검약은 선량한 습관으로서 이를 견고히 하기 위해서는 유년기 때부터 양성하지 않으면 안 된다. 이 역시 나무의 성장과 다를 바 없다. 어린 나무는 손으로 쉽게 뽑아낼 수 있을 테지만, 수년간 성장해서 그 뿌리가 땅 밑에 널리 퍼지면 수백 명의 힘으로도 역시 이를 뽑을 수 없다. 또한, 검약의 습관은 단지 금은을 모아야 한다는 것만이 아니라 그 사람들의 품행을 고귀하게 해야 하는 것이다. 즉 스스로 사욕을 억제하고 그 모든 힘을 직업에 다하는 것과 같은 것이다. 이와 같이 검약은 각각의 사람들을 격려하고 분발하게 하는 것이기 때문에 일국의 인민 모두 이를 성실히 지키게 된다면 그 나라의 융성함이 과연 어떠하겠는가? 이는 우리들이 보게 되기를 바라는 바이다.

제26과 영기종

자네들은 영기종(泳氣鐘39))이라고 하는 물건에 들어가서 물 밑에 가라앉아 본 적이 없을 것이다. 그렇지만 자네들은 이 기계의 설명을 듣는 것을 분명 좋아할 것이다. 지금 잠수부가 영기종 속에 들어가 여러 물품을 물 밑에서 주워 올린다는 이야기를 갑자기 듣는다면 대부분 믿지 못할 것이다. 그렇지만 잠수부는 매우 깊은 강물과 바다 밑을 보행하고 또한 일할 수 있다.

영기종의 구조가 어떻게 되어 있는가 하면, 우선 그 크기가 종과 비슷한 기계이다. 현재는 사각형인 것을 사용하는 경우가 많다. 이것을 만들기 위해서는 강하고 무거운 철재를 사용한다. 만약 그 철재가 가볍다면 깊은 물속에 가라앉을 수 없을 것이다. 그 바닥을 활짝 열면 안쪽에 의자가 있다. 바닥을 활짝 열 수 있게 한 것은 잠수부가 일을 편하게 하기 위함이다. 또한 종의 상부에는 두꺼운 유리판을 붙여서 희미한 빛이 종 안으로 통하게 되어 있다. 이 외에 가죽으로 만든 두 개의 긴 관이 있다. 이 기계가 물 밑에 가라앉아도 이 관 만은 높은 수면에 닿아 있다. 그 중 하나의 관은 신선한

---

39) 에도시대의 해저 조사용 잠수 기구로 안벽 공사 등에 이용되었다.

영기종

공기를 넣고, 다른 하나의 관은 불결한 공기를 제거하는 용도로 제공하는 것이다.

지금 여기에서 영기종을 사용한다고 상상해 보자. 먼저 잠수부가 종 속으로 들어가서 자리를 잡으면, 그 종에 연결한 단단한 쇠사슬을 서서히 물 아래로 늘어뜨린다. 잠수부는 종 속에 있어도 그 다리가 물에 조금도 젖지 않는다. 바닥이 막혀 있지 않은 종이 물 밑으로 가라앉으면 물이 그 속으로 가득 차게 되는 것이 필연적이다. 그렇지만 실제로 그렇지 않은 까닭은 무엇일까, 이것을 자네들이 생각해봐야 한다.

대체로 어떠한 물체든지 동시에 같은 장소에 자리 잡을 수 없다는 것이 자연의 법칙이다. 때문에 공기가 존재하는 곳에는 물이 침입할 수 없다. 지금 영기종 안에는 공기가 존재하기 때문에 물이 이곳에 가득 찰 수 없다. 그렇지만 물 밑으로 가라앉으면서 약간의 물이 종 속으로 들어오게 된다. 어느 정도 들어오는가 하면, 34척尺

(약 10.3m) 깊이에 가라앉았을 때 물이 그 종의 반 정도 차게 된다. 또한 깊이 가라앉으면서 물이 차츰 종 속으로 들어가게 된다고 해도 그 안에 가득 차게 될 우려는 없는 것이다. 이와 같이 물이 종 속으로 들어오는 이유는 바로 종 속의 공기가 압축되는 성질을 갖고 있기 때문이다. 일반적으로 공기는 압축됨에 따라 용량이 축소된다. 때문에 한 항아리의 공기라도 이를 압축하면 실제 복숭아 크기 용량만큼 축소될 것이다. 그러므로 영기종이 물속으로 가라앉게 됨에 따라 공기가 역시 물에 의해 압축되어 잠수부가 자유롭게 일을 할 수 있게 되는 이치이다. 이런 이유로 물 위에 닿아 있는 긴 관에 강력한 펌프를 연결하여 끊임없이 공기를 종 속으로 집어넣어 물의 침입을 막고 또한 잠수부가 호흡하는데 적절한 공기를 제공토록 한 것이다.

이제 자네들은 공기의 성질을 일부 알게 되었을 것이다. 즉 첫째로, 물이 종 속으로 들어가지 않는 것은 공기가 일종의 물질이기 때문이다. 둘째로 물이 공기를 압축하는 것은 공기가 압력을 받는 성질이 있기 때문이다. 자네들이 한층 더 자세히 알고 싶다면 간단한 실험으로 이 성질에 대해 알려주겠다.

지금 컵의 입구를 반대로 하여 빠르게 물속에 넣으면 물이 그 안으로 들어가지 않는다. 또한, 무명 한 조각을 컵 바닥에 붙여 다시 물속에 가라앉혀도 그 무명 조각이 조금도 젖지 않는다. 그리고 작은 영기종의 축소본을 만들어 그 안에 초를 세워 놓고 불을 붙여서 깊은 물 항아리 속에 넣어도 그 불은 전혀 꺼지지 않는다. 이 모든 것이 공기가 물의 침입을 막는다는 확실한 증거이다.

제27과 구스노키 마사시게의 충전忠戰

가와치노쿠니河內国 곤고산金剛山 서쪽에 구스노키 다몬효에 마사시게楠多門兵衛正成라는 지략이 뛰어난 명장이 있었다. 주상께서 칙사를 보내셨기에 마사시게는 무사에게 더 이상 없는 명예라 기뻐하며 깊이 걱정하지도 않고 남몰래 가사기산笠置山으로 갔다. 주상께서는 주나곤中納言40)인 마데노코지 후지후사万里小路藤房경을 통해 "어떠한 책략을 써서라도 역적을 베어 죽이고 평정하여 세상을 태평하게 해야 한다."고 말씀하셨다. 또한, 그 의견을 빠짐없이 말해야 한다고 명령하시니, 마사시게가 황송해하며 말씀 드리기를 "호조北条가문의 대역죄는 해가 가고 대를 거듭할수록 심해져 신도 노하시고 사람들 역시 원망하고 있으니 이를 베어 죽이는 일은 별다른 어려운 일이 아닙니다. 단, 무예와 용맹함만으로 싸우려 한다면 간토関東에는 용맹한 자가 많기 때문에 일본 60여 주의 병사로 전투를 한다 하더라도 무사시武蔵 사가미相模의 두 지역 병사에게는 맞서기 어렵습니다. 만약 책략을 잘 세워서 싸운다면 간토의 병사는 두려워할 것 없습니다. 그렇지만 전투는 서로 이기기도 지기도

---

40) 일본 율령제에서 조정의 최고 기관인 다이조칸(太政官)의 차관급에 해당하는 관직이다. 천황을 가까이 모시며 정무를 주달하고 조서를 내리는 등의 업무를 맡았다.

하는 것이기 때문에 한 때의 승패를 걱정하셔서는 안 됩니다. 다만 마사시게 한 사람이 아직 살아 있다는 소식을 듣게 되신다면 마침내 앞길이 밝아지실 때가 있으실 것입니다."라고 아뢰고, 가와치로 돌아가 서둘러 아카사카赤坂에 성을 쌓고 대군이 오기를 기다렸다.

이 성의 동쪽 방면은 조금 험하지만, 나머지 세 방면은 모두 평지에 접해 있었다. 더구나 갑자기 쌓아 올려 아무것도 갖추어져 있지 않았기 때문에 적들은 이를 업신여겨 가까이 공격해 들어왔다. 하지만 처음부터 담을 이중으로 바르고 바깥쪽 담을 갈라 떨어뜨릴 수 있게 만들었기 때문에, 성안에서 사방의 담에 매단 줄을 한 번에 잘라 내 떨어뜨렸다. 그러자 벽에 매달렸던 공격군들 모두 벽에 깔려서 발버둥 치며 비명을 지르고 있었는데, 이때 큰 나무와 큰 돌을 던져 모두 때려죽였다. 적들이 다시 갈퀴를 걸어 벽을 잡아당겨 넘어뜨리려 하자 성안에서 크기가 1~2장丈(약 3.03~6.06m)

마사시게가 가사기산 행재소에서 칙서에 봉답하다.

정도 되는 큰 국자에 뜨거운 물을 담아 붓고 끼얹어, 뜨거운 물이 몸에 스미고 데어 문드러진 적들은 방패도 갈퀴도 모두 내버려 두고 후퇴하였다. 그 후에 적들은 싸움을 멈추고 멀리서 공격을 했다. 전쟁이 시작된 지 불과 20여 일 남짓 되었으나 성 안의 군량미가 떨어져 4, 5일 치밖에 남지 않아 긴 방어전을 할 수는 없었기 때문에, 마사시게는 성 안에 큰 굴을 파서 그 안에 전사한 자들을 20~30명 집어넣고 그 위에 숯, 장작을 쌓아 놓았다. 그리고 비가 내리고 바람이 심하게 부는 밤, 성 안에 한 명만을 남겨 놓은 채 마사시게를 필두로 한 모든 사람들은 몰래 성을 빠져나왔다.

그곳에 남은 사람이 적당한 때를 골라 성에 불을 붙이자, 공격해 오던 군대는 불을 보고 놀라 "야! 성이 함락되었다."라고 승리의 함성을 지르며 앞 다투어 나아갔다. 다 타 버린 후에 굴속에 있는 시체를 보고는 마사시게가 자결했다고 생각하여 유아사 마고로쿠 뉴도 조부쓰湯浅孫六入道定佛[41]를 아카사카 성에 남겨 놓고 나머지 병사들은 모두 간토로 돌아갔다. 마사시게는 곤고산에 숨어 있다가 급작스레 병사를 이끌고 가 아카사카 성을 공격했고 유아사는 생각지도 못한 일에 대항하지도 못하고 항복했다. 마사시게는 이후 곤고산으로 돌아가 지하야千劍破에 성을 쌓고[42] 대군大軍을 방어하며 여러 가지 책략으로 무찔렀기 때문에, 적들도 이제는 몹시 괴로워하였고 이 성은 맹공만으로는 함락하기 어려워 식량이 떨어지기를 기다려야겠다며 포위만 한 채 공격을 멈추었다.

마사시게 또한 공격하는 군대를 교묘히 속이려 짚으로 만든 인형을 사람 크기로 20~30개 만들어 갑옷을 입히고 칼을 들게 하여

---

41) 가마쿠라시대 말기 무사인 유아사 마고로쿠(湯浅宗藤)이다.
42) 구스노키 마사시게가 가와치(河內)의 곤고산에 쌓은 산성 중 하나인 지하야성(千早城)을 말한다.

한밤중에 성 밖에 세워 놓고, 그 뒤에 500명 정도의 병사를 섞어 날이 어슴푸레 밝아 올 때 동시에 함성을 크게 지르게 했다. 사방에서 공격하는 병사들은 함성을 듣고 성안에서 공격을 시작했다고 생각하여 앞 다투어 공격했다. 성의 병사들은 미리 계책을 세워 두었기 때문에, 활을 쏘며 잠시 전투를 벌이는 척을 하다가 많은 인원이 가까이 다가간 뒤 인형만을 남겨 두고 병사들은 차츰 성안으로 물러났다. 공격하던 병사들이 인형을 실제 병사라 생각하고 이들을 치려고 모여 들었을 때 성 안에서 큰 돌 40~50개를 한꺼번에 떨어뜨렸다. 한 곳에 모여든 적군 300여 명은 바로 죽임을 당했고, 반생반사半生半死인 자가 500여 명에 이르렀다.

적군은 다시 넓이 1장丈 5척尺(약 4.55m), 길이 2장丈(약 3.03m) 남짓의 사다리를 만들어 성의 절벽 위에 걸쳐놓았고 5,000~6,000명의 병사가 동시에 사다리를 건너 진격해 왔다. 마사시게가 미리 준비해 둔 관솔 끝에 불을 붙여 사다리 위로 던지고 물총으로 기름을 뿌렸기 때문에 불은 사다리에 옮겨 붙었고, 산골짜기 바람에 불꽃이 날려 사다리는 중간에서부터 타다 부러져 골짜기 바닥으로 쿵 하고 떨어졌다. 사다리를 건너던 병사는 잇따라 불 속으로 떨어져 한 사람도 남김없이 타 죽었다. 그러는 사이에 주상께서는 호키노쿠니伯耆国로 거동하셨고 관군의 여러 장수들이 로쿠하라六波羅를 공격하려 했기 때문에 적군은 모두 포위를 풀고 떠났다. 주상께서 황거로 환궁하실 때 마사시게는 마중을 위해 효고兵庫로 왔는데, 주상께서는 이렇게 빨리 뜻을 이룬 것은 전적으로 그대가 충의를 갖고 싸워 준 공이라며 깊이 감동하셨다.

다이헤이키太平記

제28과 황국의 백성

첫 번째

황국의 백성이여, 우리 동포여. 나라를 위해 진력하고, 천황을 위해 진력하고, 가정을 위해, 일신을 위해 진력하고 진력하라. 탄환이 빗발치는 가운데서도 두려워하지 말고 나아가며, 휘두르는 칼 아래에서도 기죽지 말고 나아가라. 욱일기가 펄럭이는 곳은 바로 우리나라이다, 모두 우리나라이다.

두 번째

황국의 백성이여, 우리 형제여. 총포의 소리가 울리고, 함성 소리가 들려온다. 천황을 위해 마음을 다하고 다하여라. 주검이 쌓인 산도 밟고 넘어 나아가고, 피의 강도 뛰어서 나아가라. 욱일기 펄럭이는 곳은 바로 우리나라이다, 모두 우리나라이다.

세 번째

황국의 백성이여, 우리 동포여. 폭풍이 휘몰아쳐 적의 깃발이 나부낀다. 나라를 위해, 스스로 진력하고 진력하라. 얼어붙은 바다도 기세당당하게 건너고, 사막도 개의치 말고 나아가라. 욱일기 펄럭이는 곳은 바로 우리나라이다, 모두 우리나라이다.

제29과 뉴욕

뉴욕New York은 북미합중국 뉴욕주의 무역도시이자 합중국 제1의 도시이다. 그 서쪽을 흐르는 허드슨강Hudson River 건너편에 저지Jersey라는 도시가 있고, 또 그 동쪽을 흐르는 이스트강East Rive 건너편에는 브루클린Brooklyn이라는 도시가 있다. 이 두 도시는 뉴욕의 외곽에 있다. 도시 중심지와 외곽의 인구를 합산하면 2백만 명이 넘는다고 한다.

이 도시 남단에는 배터리Battery라는 공원이 있다. 해수의 침입을 막기 위해 긴 제방을 쌓았고, 공원 안 장식물들이 매우 아름답다. 그 북동쪽에 브로드웨이Broadway라는 유명하고 넓은 거리가 있다. 그 길이는 3마일 정도이고 폭은 8장丈(약 24.2m)이다. 관청, 여관, 상점이 즐비하고 마차와 행인들이 붐벼 항상 거리에 넘쳐 난다. 그 동쪽에 보엔Bowen이라는 거리가 있는데 이 역시 아름다운 거리이다. 그 북쪽으로 1마일 반을 가면 새로 닦은 거리에 이르게 되는데, 그 거리의 길이는 8마일이며 넓이는 10장丈(약 30m) 남짓한 넓은 거리가 여러 갈래 있다. 월가Wall Street는 각종 주식거래를 하는 상점이 많고, 5번가Fifth Avenue는 매우 번화한 거리이며, 사우스 스트리트South Street는 해상 수송업海漕에 종사하는 집이 특히 많다. 이 외에도 펄Pearl, 파인Pine, 시더Cedar 거리 등은 잡화를 판매하는 상점이 즐비하다.

도시에 있는 건축은 모두 대단히 웅장하고 아름답다. 그 중에 월가의 상회관商会館은 길이 120칸間(약 218.4m), 폭 25칸間(약 45.5m)이다. 그 기초 부분부터 4층까지는 높이 7장丈(약 21.2m) 남짓이고, 옥상까지는 12장丈(약 36.4m)이상이다. 건축비와 땅값을 합산하여 180만 불의 거액을 사용했다. 또한 정부의 서고는 흰 대리석으로 축조하여 그 비용이 117만 불을 넘는다. 관청의 건축도 500만 불을 들여 준공했다고 한다.

도시 내 공원 중에는 센트럴파크Central Park라는 공원이 가장 크다. 이 공원은 도시 사람들의 헌금으로 도시 중앙의 넓은 토지를 구입하여 축조한 곳이다. 원래 이 도시는 허드슨 강과 이스트건 하구를 점하고 있으며 모두 평지였기 때문에, 이 공원에 인공으로 산

센트럴파크

과 정원을 조성하기 위한 비용이 얼마나 막대했는지 알 수 있을 것이다. 처음 이것을 축조할 때 많은 정원사에게 도식을 내게 하여 가장 우수한 자만을 선발하였는데 그 인원수가 50여명에 달했다. 이에 그 지역을 50구역으로 나누어 50명에게 분배하고, 각자 기량을 발휘하여 축조하게 하였다. 따라서 그 훌륭한 정취, 절경이 천연의 미를 무색하게 하였으며, 실로 천하에 비할 데 없는 공원이 완성되었다.

뉴욕 시는 전 세계에서 1, 2위를 다투는 번성한 상업지로서, 전국 각 주의 철도가 마치 거미줄처럼 이곳으로 들어와 모이고, 특히 고가철도 기차가 시가, 도로 등의 위를 달리니, 그 진귀한 구조가 장관을 이루어 세계에 비할 데가 없다고 해야 할 것이다. 이 도시와 브루클린 사이에는 세계에서 가장 긴 다리가 설치되어 있다. 또한 항구는 전 세계 굴지의 양항으로서 둘레는 25마일이고 직경은 8마일이다. 안팎으로 선박의 출입이 끊이지 않으며, 한 해의 수출

고가 철도

입액이 7억만 불 이상이다. 동쪽으로는 대서양을 횡단하여 유럽으로 직항하고, 내륙지역으로는 허드슨 강에서 운하를 거쳐 각 지역으로 화물을 운반한다. 이러한 까닭에 그 변화의 정도가 전 세계에서 런던, 파리를 빼면 비견할 곳이 없다.

제30과 호조 가문의 멸망

호조 다카토키北条高時43)는 사다토키貞時의 아들이다. 그가 싯켄執權이 되었을 때 아다치 도키아키安達時顯, 나가사키 엔키長崎円喜 두 사람이 마음을 같이 하여 보좌하였고, 호조 야스토키北条泰時의 옛 규율을 지켰다. 이 때문에 인민들 또한 그에게 복종하였다. 나가사키 엔키가 관직을 사직하자 아들 다카스케高資가 그 뒤를 이었는데, 뇌물을 공공연히 수수하고 관직의 등용과 추출 대부분을 자신의 뜻대로 하였다. 게다가 다카토키는 매일 연회를 벌이며 정치에는 조금도 마음을 두지 않았다. 때문에 무사와 서민 중에는 그에게 등을 돌리는 이가 많았다.

고다이고後醍醐천황은 호조 가문의 가신들이 대대로 천황의 폐위를 결정하는 것에 분개하여 은밀히 그를 공격해 멸망시키려 하였다. 때문에 다카토키가 정치에 태만한 것을 보고 후지와라노 스케토모藤原資朝, 후지와라노 도시모토藤原俊로 하여금 호걸을 불러 모으게 하였다. 그러는 사이에 다카토키가 이를 알아채고는 스케토모와 도시모토를 붙잡아 신문하였다. 이때 스케토모를 사도佐渡로

---

43) 가마쿠라 막부 9대 싯켄인 호조 사다토키의 셋째 아들로, 제14대 싯켄에 올랐다.

유배시키고 도시모토는 석방하는 것으로 모반은 얼마간 평정되는 듯하였다. 이후 천황은 다시 모리요시 친왕護良親王과 함께 여러 절의 승려들을 설득하였고 승려 엔칸円観에게는 호조 가문을 저주하게 하였다. 다카토키가 이 음모를 알게 되었고 다카스케의 의견에 따라 천황과 친왕을 먼 곳으로 유배 보내고 이들에 동조하는 귀족들을 죽이기 위해 병사 3,000명을 수도로 보냈다.

천황은 이를 듣고 급히 에이잔叡山으로 피신하였고 다시 가사기야마笠置山로 들어갔다. 가사기에 칩거하자 다카토키는 결국 천황을 오키隱岐로 유배 보내고 후지와라노 후지후사藤原藤房 등 6명도 유배를 보냈으며 도시모토 등 4명은 참수하였다. 이때부터 다카토키는 전력을 다해 곤고산金剛山의 구스노키 마사시게楠正成를 공격하였지만 여전히 승리하지 못하였다. 그때 닛타 요시사다新田義貞 역시 호조 가문의 군대에 있었는데, 호조 다카토키의 멸망이 멀지 않음을 알고는 은밀히 다이토노미야大塔宮의 명을 받아 우에노上野로 돌아갔으며, 결국에는 의병을 일으킬 계획을 세웠다.

요시사다는 우에노와 닛타군新田郡을 점령하고 있었는데 이 지역은 예전부터 부호들이 많이 살고 있었다. 때문에 다카토키는 더 많은 군량을 거두어들이기 위해 이 지역 백성들에게 60만 전을 부과하였고 하급관리를 보내어 이를 독촉하게 하였다. 요시사다는 이에 분노하여 관리를 베어 죽이고 그의 머리를 마을 입구에 매달아 놓았다. 다카토키가 이 이야기를 듣고는 크게 분노하여, 결국 병사 11만 명을 보내 닛타 가문을 공격하게 하였다. 요시사다는 이리마가와入間河로 거슬러 올라가 이들을 크게 무찌르고 가마쿠라로 진격하였다.

이때 요시사다는 삼도三道44)로 진격하여 가마쿠라를 공격하였다. 특히 스스로 정예 병사를 이끌고 이나무라가사키稲村崎를 통해 직접 막부로 진입하였고, 바람을 이용해 불을 쏘아 연기와 불꽃이 곧 하늘을 뒤덮었고 저택은 전부 재가 되었다. 다카토키는 결국 항복할 수밖에 없음을 알고는 1,000여 명을 이끌고 도쇼지東勝寺의 선영先塋*으로 도피하였다. 나가사키 다카스케長崎高資의 아들 다카시게高重만이 적군 안으로 들어가 함성을 지르며 있는 힘껏 싸웠고 요시사다를 저격하려 했지만 결국 이루지는 못하였다. 이에 다시 도쇼지로 가니 다카토키 등이 마침 이별주를 마시고 있었다. 다카토키가 다카시게에게 바로 잔을 건넸기 때문에 다카시게가 이를 마시고 셋쓰 도준摂津道準에게 전해준 뒤, 스스로 할복하고 창자를 잘라 꺼냈다. 도준이 웃으며 "좋은 술안주로군요."라고 말하고 가득 찬 술잔을 반 정도 마신 뒤 이를 스와 지키쇼諏訪直性에게 전해주고 죽었다. 지키쇼 역시 나가사키 엔키 등과 함께 죽음을 맞이했다. 이렇게 하여 다카토키도 마침내 자결하였다. 그를 따라 죽는 이가 수백 명이었다고 한다. 호조 도키마사北条時政가 처음으로 싯켄이 된 이래 110여 년간 이어진 호조 가문은 결국 멸망하였다.

---

*선영(先塋): 선조 대대로 이어진 묘지이다.

---

44) 세 가지 병법으로 정병(정공법으로 싸우는 군대), 기병(적을 기습하는 군대), 복병(병사를 숨겨 둠)이 이에 해당한다.

제31과 안도 쇼슈의 의기義氣

겐코元弘, 겐무建武의 난45)이 일어나 난세板蕩* 속에 헛되이 죽음을 맞이하고 절개를 지키다 죽는 무사가 끝없이 나오는 가운데, 안도 자에몬 쇼슈安東左衛門聖秀옹은 일찍이 이러한 일들을 감지하고 눈물을 흘렸다.

쇼슈는 호조 다카토키北条高時의 신하이다. 닛타 요시사다新田義貞의 아내에게는 백부였기 때문에, 가마쿠라가 이미 함락되었을 때 그 아내가 요시사다의 서찰에 자신의 글을 보태어 몰래 쇼슈가 있는 곳으로 보내었다. 쇼슈는 호조 다카토키의 장수로서 닛타의 병사들과 전투를 벌였지만 수많은 부하들이 전사하였고 쇼슈 역시 많은 상처를 입고 돌아왔다. 하지만 다카토키가 이미 저택에 불을 붙인 뒤 도쇼지東勝寺로 도피를 했다는 이야기를 듣고는 저택이 불탄 자리에 전사한 자들이 많이 보이는 지를 물었고, 한 사람도 보이지 않는다는 말을 듣고는 "분하도다. 자, 무사들이여. 저택이 있던 자리에서 도저히 죽지 못했던 목숨을 평온한 마음으로 끊자."고 하며 백여 명의 기병을 데리고 저택 터로 향했다. 쇼슈는 오늘 아

---

45) 고다이고 천황(後醍醐天皇)이 가마쿠라 막부를 타도하고 친정을 실시한 정치 개혁을 말한다.

침까지만 해도 기와가 즐비하고 그토록 아름답던 큰 건물, 높은 담이 갑자기 흔적도 없이 다 타 버린 것을 보고 통절한 마음을 견디지 못해 눈물을 참으며 망연해하며 서 있었는데, 그때 그 서찰이 도착했다.

이를 뜯어보니, '가마쿠라의 상황에 대해 들었습니다. 어떻게든 이쪽으로 오시면 대신해 잘 말씀드리겠습니다.'라고 쓰여 있었다. 쇼슈는 이를 보고 얼굴빛이 대단히 나빠져서 말하기를 "나는 지금까지 주군의 은혜를 받아 사람들에게 알려진 몸인데 지금 돌연 항복하여 나선다면 어찌 수치를 아는 자라고 할 수 있겠느냐? 그러하니 여성의 마음으로 설령 이와 같은 말을 했을 지라도, 요시사다가 용사의 의義를 알게 된다면 당연히 그러한 일은 제지당할 것이다. 또한 요시사다의 허락 여부를 알아보기 위해 말을 건네 본 것이기는 하나, 부인께서 우리들의 명예를 잃지 않게 하시려면 이를 굳건히 막아야 할 것이다. 다만 나와 닮은 자를 친구로 삼은 것이 한탄스러울 따름이라며, 한번은 원망하고, 한번은 분노하며 사신이 보는 앞에서 서찰을 쥔 손으로 칼을 움켜쥐고 단숨에 배를 갈라 죽었다. 아, 안도 쇼슈는 어떠한 사람인가? 의협심의 용장, 지조의 결백, 이를 넘어선 자가 있겠는가.

슨다이자쓰와駿臺雜話

---

*난세(板蕩): 세상이 어지러운 것

제32과 동물의 천성

각종 동물은 음식물을 채집하여 이를 먹고 또한 이것을 소화하는 기관을 갖고 있으며 동시에 자신을 지키는 기관도 갖추고 있다. 예를 들어 가축은 풀과 곡류를 일상적으로 먹기 때문에 이를 씹어 부수기에 적합한 넓은 이빨을 갖고 있다. 그 중에서도 소와 양과 같은 종류는 되새김질*을 하기 때문에 스스로 이에 적합한 위를 갖추고 있다. 단 그들의 사지는 신체를 지탱하고 운동을 하는 용도일 뿐 음식물을 채집하기 위한 용도로 사용되는 일은 없다.

육식동물의 발톱은 다른 동물을 잡기에 적합하고 이빨은 예리해서 이를 찢어 잘게 부수기에 편리하다. 또한 고양이는 그 성질이 온화하지만 사자, 호랑이와 같은 종류의 짐승이기 때문에, 쥐를 잡는 좋은 솜씨 역시 호랑이가 양, 사슴을 잡는 것과 다름이 없다. 또한 야생 토끼와 생쥐의 이빨은 물건을 깨무는 용도로 사용하고 돼지와 멧돼지의 코는 구멍을 파서 식물의 뿌리를 캐기에 적합하다.

이들은 동물이 스스로 먹을 것을 구하고 스스로의 신체를 보호하기 위한 기관에 지나지 않는다. 그러나 만약 동물의 지능이 모자랄 때는 이들 기관이 있어도 아무런 일을 하지 못한다. 예를 들어 가축류가 먹기에 적합한 풀을 선택할 수 있는 감각을 갖고 있지 않았다면 그 이빨도 위도 결코 자신의 몸을 이롭게 할 수 없을 것이다. 또한 육식동물이 다른 동물을 어떻게 포획하는지에 관한 지능을 갖고 있지 않다면 그 발톱, 이빨 또한 아무런 일을 하지 못할 것이다. 이러한 지능을 곧 동물의 천성이라 칭한다.

육식동물의 천성은 먹을 것을 구할 때 볼 수 있을 것이다. 이들 동물은 먹는 것이 대체로 육류로서 때로는 자기보다 큰 동물을 잡는 경우도 있다. 때문에 이러한 경우에는 자신의 힘에만 의지할 수 없어, 어두운 밤 물가에 칩복蟄伏*하여 소, 양, 말, 사슴이 오는 것을 기다려 갑작스레 돌진하여 이들을 잡는다. 사자와 같은 종류는 때로 머리를 대지에 바짝 대고 포효하는 경우가 있다. 그러면 그 소리가 멀리까지 울려 퍼져 온갖 짐승이 두려움을 느끼게 되고 분주하게 동서로 도망치려 한다. 사자는 그 틈을 엿보아 곧바로 이들을 잡는다.

개와 늑대는 다른 동물의 냄새를 쫓아 자기보다 강한 동물을 잡는 경우가 있다. 소, 양, 사슴은 위급할 때는 서로 모여 한 무리를 지은 뒤 이로써 적을 막는다. 또한 말의 천성은 그 뒷다리를 올려 적을 차고 때로는 맹수를 쓰러뜨리는 일도 있다. 또한 사슴의 천성은 위기가 닥치면 바로 물속에 몸을 던져 코만을 물 위에 내놓고 호흡을 해 간신히 위기를 모면한다. 이는 쫓아오는 동물이 자신의 냄새를 찾을 수 없게 하기 위함이다. 이 외에도 토끼가 적을 피해 뛰어오르는 것, 비버가 둥지를 만드는 것, 금수가 그 자식을 사랑하는 것 등, 이 모두가 천성이 아닌 것이 없다.

---

*되새김질(翻芻): 한 번 먹은 풀 등을 다시 위 속에서 꺼내 먹는 것
*칩복(蟄伏): 움츠리고 숨는 것

제33과 구스노키 마사시게의 유훈

구스노키 마사시게楠正成는 5월 16일에 수도를 떠나 기병 50여명을 거느리고 효고兵庫로 내려갔다. 마사시게는 이를 자신의 마지막 전투라 생각했기에, 뜻한 바 있어 자신과 함께 있었던 올 해 11살인 적자 마사쓰라正行를 사쿠라이桜井의 숙소에서 가와치河内로 돌려보내며 훈계하기를, "사자는 새끼를 낳고 3일이 지났을 때 수천 장丈46) 높이의 암벽에서 떨어뜨린다. 새끼가 사자의 기질이 있다면 가르쳐주지 않아도 그 속에서 뛰어 올라와 죽는 일이 없을 것이다. 하물며 너는 이미 10살이 넘었다. 이제부터 한 마디 말이 귀에 남는다면 내 유훈에 다름없다. 이번 전투는 천하를 판가름한다고 생각하기 때문에 살아 있는 동안 너의 얼굴을 보는 것은 이제 마지막일 것이다. 마사시게가 이미 전사하였다는 소식을 듣게 된다면, 천하가 분명 쇼군将軍의 시대가 되었다는 것을 알아야 할 것이다. 그렇다 하더라도 일단 목숨을 구하고자 오랜 기간 동안의 충절을 버리고 항복해서는 안 된다. 일족 중에 젊은 무사 한 사람이라도 살아남으면, 곤고산金剛山 근처에 틀어박혀 있다가 적이 몰려왔을 때

---

46) 1장(丈)은 약 3.03m이다.

목숨을 양유養由의 화살에 걸고 의를 기신紀信*의 충심에 비기게 해
야 한다. 이것이야 말로 너의 최고의 효행이 될 것이다."라며 울면
서 각각 동서로 헤어졌다.

옛날 백리해百里奚는 목공穆公이 진나라晉를 쳤을 때 전쟁에서 유
리하지 않다는 판단을 하고는 장수 맹명시孟明視*를 마주하고 마지
막 이별을 슬퍼했었고, 지금의 구스노키 판관楠判官은 적군이 수도
서쪽에 접근했다는 것을 듣고 나라가 분명 멸망할 것이라 슬퍼하
고 아들 마사쓰라를 남기며 자신이 죽은 후에도 충의를 지킬 것을
권고한 것이다. 백리해는 외국의 충신이며 마사시게는 우리 조정
의 충신으로, 시대는 천년이나 차이가 나지만 옛 성인, 후대의 성
인 모두 세상에 드문 현좌賢佐이다.

다이헤이키太平記

---

*양유(養由): 중국 주나라 때의 양유기를 뜻하며, 궁술의 명인이다.
*기신(紀信): 한나라 고조의 신하로 고조 대신에 죽은 사람이다.
*맹명시(孟明視): 백리해의 아들이다.

제34과 도시모토, 간토로 내려가다

　도시모토 아손(俊基朝臣[47])은 몇 해 전 도키 요리사다土岐十郞賴貞가 죽임을 당했을 때 체포되어 가마쿠라까지 호송되었지만 여러모로 해명을 하여 혐의 없음으로 사면되었다. 하지만, 이번의 모든 자백서에는 음모를 도모한 것이 오직 도시모토 아손에 의한 것이라 적혀 있었기 때문에, 7월 11일에 다시 로쿠하라六波羅에서 체포되어 간토로 보내졌다. 법령에 재범은 용서하지 않는다고 정해져 있는 바, 무슨 변명을 하여도 용납되지 않으므로, 가는 도중에 죽임을 당하거나 가마쿠라에서 칼로 베이는 두 가지 상황을 벗어날 수 없다고 각오한 채 떠났다. 꽃이 눈처럼 훨훨 나부끼는 가타노片野의 봄 벚꽃 놀이, 비단 낙엽을 입고 돌아오는 아라시산嵐山의 가을 저녁, 하룻밤을 지새워도 객지라면 서글픈 법, 은애恩愛의 연이 깊은 내 고향의 처자식, 앞날도 모르는 채 미련만이 남아 있고, 오랫동안 살아 정든 구중궁궐 도읍을 마지막으로 돌아보며 생각지도 못

---

47) 가마쿠라시대 말기 조정에서 벼슬을 하던 히노 도시모토(日野俊基)를 말한다. 아손(朝臣)은 684년 덴무 천황(天武天皇)때 제정된 8계급 성(姓) 중 상위 두 번째에 해당하는 성(姓)이다. 헤이안시대 이후에는 5위(位) 이상의 귀족의 경칭으로 사용되었으며, 3위 이상은 성 아래, 4위는 이름 아래, 5위는 성명 아래에 붙였다.

한 여행을 떠나는 이 마음이 애처롭네. 슬픔조차 받아 주지 않는 오사카相坂 관문의 맑은 물에 소매를 적시고, 산길을 나와 우치데노하마打出の浜에 이르러 호수를 멀리 바라보니 비와호琵琶湖로 흘러가네. 이 내 몸은 쪽배와 같이 떴다 가라앉았다 하고, 말들도 발굽 소리를 울리며 세타勢多의 긴 다리를 건너가니, 사람이 엇갈리는 오우미지近江路로다. 세상이라는 들판에서 울고 있는 학도 자식을 걱정해서인가 생각하니 슬퍼지는구나. 초겨울 비가 세차게 내리는 모리야마森山, 나무 아래 이슬에 소매를 적시고, 바람에 이슬이 흩날리는 시노하라篠原. 조릿대 사잇길을 지나면 가가미야마鏡山가 있지만 눈물이 앞을 가려 잘 보이지 않네. 번민이 많으니 밤 동안이라도 오이소老蘇 숲 속 잡초에 말을 세워 놓고 고향을 돌아보려 했지만 구름이 가로막는다. 반바番馬, 사메가이醒井, 가시와바라柏原, 후와不破의 관문지기가 거처하는 집은 몹시 황폐하여 가을비마저 새는구나. 언젠가 이 내 몸의 마지막이 될 아쓰타熱田의 야쓰루기八劍48)에 엎드려 절을 하고, 이제는 염건을 하는 나루미가타鳴海潟구나. 기울어가는 달에 길이 보이니, 밝았다 저물었다 하며 가는 이 길의 끝은 어디인가. 도토미遠江, 하마나浜名 다리 밑 저녁 바다에, 끄는 사람도 없이 버려진 작은 배처럼 가라앉아 버린 몸이 되었으니 누가 이를 애처로워할 것인가, 해질녘 만종이 울리니 이제 이케다池田의 여관에 도착하시는구나. 1184년(겐랴쿠元曆 원년)경이었던가, 주조中將49)인 다이라노 시게히라平重衡50)가 동쪽 오랑캐에게 붙

---

48) 아이치현 나고야시 아쓰다구에 있는 아쓰타신궁(熱田神宮)을 말한다.

49) 일본 율령제에서 궁중과 천황의 호위를 맡았던 근위부(近衛府)의 차관에 해당하는 관직이다.

50) 다이라노 기요모리(平淸盛)의 아들이며, 헤이안시대 말기 무장이다. 이치노타니(一の谷) 전투에서 미나모토노 요시쓰네(源義経) 등에 패해 가마쿠라로 호송되었고 결국 나라(奈良)에서 참수되었다.

잡혀 이 여관에 도착하셨을 때 '동쪽으로 가는 길東路 니부丹生의 작은 오두막집, 그 누추함에 고향을 얼마나 그리워했을까.'라며 여관 주인장의 딸이 읊었던 그 옛날 비애마저도 여한 없는 눈물이다. 여관의 등불도 희미해지고 닭 울음소리가 새벽을 재촉했기에, 한 마리의 말이 큰 소리로 울며 덴류강天竜河를 건너 사요노 나카야마小夜の中山51)를 힘차게 넘어간다. 흰 구름이 길을 덮어 어디인지 알지 못하는 해질녘 고향의 하늘을 바라보고는 옛날 사이교법사西行法師52)가 '목숨이 있기 때문이로구나.'라고 읊으며 두 번 넘었던 발자취마저 부럽게 느껴지는구나. 시간은 빨리 지나 벌써 정오가 되었기에 점심 식사를 하기 위해 가마를 정원 앞에 내렸다. 가마채를 두드려 경비 무사를 불러 여관의 이름을 물으시니 "기쿠카와菊川라고 합니다."라고 대답한다. 조큐承久 전투 때 미쓰치카교光親卿53)께서는 선지院宣54)를 작성한 죄로 간토関東로 호송되시어 이 여관에서 죽임을 당하셨는데, 그때

옛날 난요현南陽県 기쿠스이菊水
하류에서 물을 길어 목숨을 보존하였도다.
지금은 도카이도東海道 기쿠가와
니시기시西岸의 여관에서 목숨을 잃는구나.

---

51) 시즈오카현 가게가와시(掛川市)와 시마다시(島田市)의 경계에 있는 고개를 가리킨다.
52) 헤이안 시대 말기~가마쿠라 시대 초기의 무사, 승려, 시인이다. 도바 상황(鳥羽上皇)의 거처를 호위하는 무사였으나 1140년 23세로 출가하여, 불법 수행과 와카 수련에 전념하였다.
53) 헤이안시대 말기~가마쿠라시대의 귀족(公卿)인 하무로 미쓰치카(葉室光親)를 말한다. 하무로 미쓰치카는 고토바 상황(後鳥羽上皇)의 총애를 받는 신하였으며, 조큐의 난 때 호조 요시토키(北条義時) 토벌에 관한 선지를 작성한 죄로 참수되었다.
54) 상황 혹은 법황의 명령에 따라 봉서 형식으로 발급한 공문서이다.

라고 쓴 먼 옛날의 필적이 지금은 나의 일이 되었다 생각하니 슬픔이 한층 깊어져 노래 한 수를 읊어 여관 기둥에 적었다.

옛날에도 이러한 일이 있었다는 기쿠가와의 같은 강물에 몸을 가라앉힐 것인가.

오이가와大井河를 건너실 때 도읍都에 있던 강과 같은 이름을 들으시고는,55) 가메야마龜山 전하께서 행차하셨을 때 아라시야마嵐山의 만발했던 꽃, 용두익수56) 배를 타고 시가와 관현의 연회에 모신 일도 지금은 두 번 다시 꿀 수 없는 밤의 꿈이 되었다는 생각을 거듭하신다. 시마다島田, 후지에다藤枝에 이르니 오카베岡邊의 오미자真葛는 시들었고, 슬픈 황혼녘에 우토宇都 산길을 넘어가니 담쟁이덩굴과 단풍이 무성하여 길조차 없구나. 옛날 주조中将인 아리와라노 나리히라在原業平57)가 거처를 구하러 아즈마吾妻쪽으로 내려왔을 때 '꿈에서도 사람을 만나지 못했다'고 읊은 것도 이러했으리라 통감한다. 기요미가타清見潟를 지나시자, 도읍에 돌아가는 꿈조차 허락하지 않는 관문지기와 같은 파도에 눈물이 나고, 향하는 곳은 어디인지, 미호가사키三穂が崎, 오쿠쓰奥津, 간바라神原를 지나 후지의 높은 산봉우리를 올려 보시며, 눈 속에서 피어오르는 연기를 끝없는 근심과 견주고, 안개가 걷혀 소나무가 보이는 우키시마가하라浮嶋が原를 지나가니 염건의 얕은 여울에 배가 떠 있다. 부지런히 일 하

---

55) 교토의 아라시야마(嵐山) 지역에도 오이가와(大堰川)라는 같은 이름의 강이 있다.
56) 두 척이 한 쌍을 이루는 배로 각각의 뱃머리에는 용의 머리와 익새의 머리를 새겨 장식하였다. 헤이안시대, 가마쿠라시대의 제례, 궁중 행사, 귀족의 연회 등에 사용되었다고 한다.
57) 헤이안시대의 귀족, 시인이다. 헤이제이 천황(平城天皇)의 손자이자 중1품 아보친왕(阿保親王)의 다섯째 아들로 천황 가문의 적통이었지만, 구스코의 난으로 신민의 신분이 되었다.

고 있는 농부의 바닷가 다고노우라田子の浦를 지나, 덧없는 세상을
돌고 도는 험한 비탈길, 힘들게 다케시타竹下를 나아가 아시가라산
足柄山 정상에서 오이소大磯 고이소小磯를 내려다보고 소매까지 파도
가 밀려드는 고유루기노 이소小余綾の磯58)를 지나셨다. 서두르려 한
것은 아니었지만, 날이 지나 7월 26일 저녁 무렵에 가마쿠라에 도
착하셨다. 그날 바로 난조 사에몬 다카나오南条左衛門高直에게 인계
되신 뒤 스와 사에몬諏訪左衛門에게 맡겨졌다. 한 칸 남짓한 곳에서
포승줄에 단단히 묶여 갇혀 계신 모습은 마치 지옥의 죄인이 시왕
에게 넘겨져 칼과 쇠고랑을 차고 죄의 경중을 심판 받는 것과 같은
것이리라 통감하였다.

다이헤이키太平記

---

58) 가나가와현 오이소(大磯) 부근에 있는 해안이다.

제35과 사노 덴토쿠지가 비파를 듣다

소슈相州[59]의 호조北条가문의 가신이며 사노佐野의 성주인 덴토쿠지天德寺[60]는 굳센 용장이었다. 어느 날 비파 법사를 불러 헤이케平家이야기를 낭송하게 하였는데, 낭송이 시작되기 전에 비파법사에게 말하기를 "나는 다만 애달픈 것을 듣고 싶으니 그러한 마음가짐으로 낭송하시오."라고 했기에 법사는 "그러한 마음가짐으로 낭송하겠습니다."라 하고, 사사키 시로 다카쓰나佐々木四郎高綱의 이야기인 '우지가와 선봉에 서다宇治川先陣'를 낭송하니 덴토쿠지는 애달파하며 눈물을 흘리며 울었다. "자, 지금 한 곡, 앞의 것처럼 애달픈 것을 듣고 싶소."라고 말했기에, 나스노 요이치 무네타카那須与一宗高의 이야기인 '부채 과녁扇の的'을 낭송했는데 이 이야기平家의 중반부부터 덴토쿠지는 또 다시 주르륵 눈물을 흘렸다.

후일 가신들에게 지난번 들었던 헤이케 이야기가 어떠하였는지를 물으니 가신들은 "정말 재미있었습니다. 다만 저희들이 한 가지 이해가 가지 않는 것이 있습니다. 전후 두 곡 모두 용맹스럽고 장

---

59) 옛 지방인 사가미(相模, 가나가와현 일대)의 다른 이름이다.
60) 전국시대 장수인 사노 후사쓰나(佐野房綱)를 말한다. 삭발하고 불문에 들었기 때문에
   덴토쿠지호엔(天德寺宝衍), 덴토쿠지료하쿠(天德寺了伯)라 칭했다.

렬한 내용으로 애달픈 내용은 조금도 없었는데 당신께서는 감동의 눈물을 흘리며 흐느끼셨습니다. 이는 어떠한 연유에서이신지 지금도 이해가 잘 가지 않습니다."고 모두 말하자, 덴토쿠지는 놀라서 "지금까지 제군들을 믿음직스럽다고 생각했는데 지금 이 한마디에 참으로 힘이 빠지네. 우선 사사키 다카쓰나의 이야기인 '우지가와의 선봉에 서다'를 잘 생각해 보시오. 미나모토노 요리토모源賴朝가 남동생 가바노카자蒲冠者61)에게도 가지와라 가게스에梶原景季에게도 하사하지 않았던 명마 이케즈키生咬62)를 사사키 다카쓰나佐々木高綱에게 하사하시지 않았는가. 그 보람도 없이 이 말을 타고 우지가와에서 선봉에 서지 못하고 다른 사람에게 선수를 빼앗긴다면, 반드시 전사하여 다시는 돌아오지 않을 것이라고 하며 요리토모에게 마지막을 고하고 떠나갔소. 그 심정을 헤아려 보시게. 이것이 어찌 애달프지 않은가?" 하며 누차 눈물을 훔치고 잠시 있다가 말씀하시기를 "또한 나스노 요이치 역시 많은 사람 중에서 선택을 받아 오로지 홀로 앞장 서 바다 속으로 말을 몰고 들어갔고 과녁에 다다를 때까지 미나모토源와 다이라平 양 가문은 숨죽이며 이를 지켜보았소. '만약 빗나가게 된다면 아군의 명예를 더럽히는 일이 될 것이다. 말 위에서 할복하고 바다 속으로 들어갈 것이다.'라 각오한 스노 요이치의 마음을 헤아려 보시오. 무사의 길만큼 애달픈 것은 없을 것이오. 나는 전쟁에 임할 때마다 다카쓰나와 무네다카의 마음으로 창을 잡기 때문에, 이 헤이케 이야기를 들었을 때에도 두 사람의 마음을 헤아려 흐르는 눈물을 참을 수 없었던 것이오. 그런데도 여러분들에게는 애달픔이 없었다 하니 모두의 무예가 단지

---

61) 미나모토노 노리요리(源範賴)를 말한다. 도토미노쿠니(遠江国)의 가바노미쿠리야(蒲御厨)에서 자랐기 때문에 가바노카자(蒲冠者)라고 불렸다.

62) 사사키 다카쓰나(佐々木高綱)가 미나모토노 요리토모(源賴朝)에게 받은 명마이다.

잠깐의 용기에 따랐을 뿐 진심으로 나선 것은 아니었다고 생각되오. 그래서 미덥지 않은 것이네."라고 말하자, 신하들은 모두 곤혹스러워 아무 말도 못했다고 한다.

슨다이자쓰와駿臺雜話

제36과 한 덩어리의 돌

제군들이 산이나 강에서 놀 때에 눈에 보이는 것은 돌 한 덩어리라도 등한시하여 간과하는 일이 없도록 하는 것이 좋습니다. 제군이 그 돌을 집어서 최대한 관찰한다면 대단한 학문이 될 겁니다.

우선 그 돌의 색과 모양을 알고, 다음으로 손에 놓고 그 가벼움, 무거움을 시험 해보고, 다음에는 꺾어진 못이나, 주머니칼 끝으로 흔적을 내보아 그 단단함을 알아보는 것이 중요합니다. 아무리 해도 흔적이 남지 않으면 상당히 단단한 돌입니다. 그러나 조금이라도 흔적이 남으면 꽤 부드러운 돌이라는 것을 알 수 있겠지요. 또한 똑같이 흔적이 남는 돌이라도 흔적 내기 쉬운 것 혹은 어려운 것이 있기 때문에 그것으로 강도를 비교할 수 있습니다. 이와 같이 간단한 방법으로도 경험을 한다면 이것과 그것이 같은 물체인지 다른 물체인지를 대체로 알 수 있는 기준이 생기게 됩니다.

앞에서와 같이 돌의 색과 모양과 무게, 강도를 관찰한 후에 취관과 목탄 조각과 램프가 준비되어 있을 때에는 더욱 그 성질을 잘 알 수 있습니다. 어떻게 하는가 하면 돌 조각을 목탄 위에 놓고 그것을 취관으로 불어보고 어떠한 변화가 생기는 지를 관찰해 보세요. 그 돌에 아무런 변화가 없는지, 혹은 색이 변하는지, 혹은 형태가

사라지는지, 혹은 연기라도 나오는지, 주의를 기울여 관찰하면 그 돌에 관해 많은 것을 알게 됩니다. 그러면 제군들은 점점 재미를 느끼게 되고 단순한 놀이보다 실험이 훨씬 재미있어 질 것입니다.

이렇게 다양한 수단을 활용해서 돌의 성질을 관찰하는 것은 광물학이라고 하는 이학理學의 한 종류로서 이를 배우면 돌의 성질, 효용을 알 수 있고 또는 연구하는 방법까지도 배울 수 있습니다. 지금 광물학에 관한 수준 높은 사항은 잠시 내버려 두고, 만약 앞에서의 예처럼 놀이와 같은 방법으로 금은 등을 함유한 돌을 찾아내어 그로 인해 광산이라도 열게 된다면 제군들의 쾌감과 우리나라의 이익이 얼마나 클지, 연성벽連城璧63) 정도가 아닐 것이라 생각됩니다.

여기에서 하나의 예를 들어서 이야기를 해보겠습니다. 제군들이 어떤 산에 올라갔을 때 큰 바위의 표면에 지금까지 본 적 없는 검은 돌이 번쩍번쩍 빛나고 있다고 가정해 봅시다. 그때 제군들이 희귀한 것이라고 알아채더라도 그대로 지나쳐 버린다면 그 뿐의 이야기로 아무런 도움이 되지 않습니다. 모처럼 희귀하다고 생각하는 이학 사상의 싹이 텄는데 관찰도 하지 않고 지나가 버려 이 소중한 싹을 시들게 하는 일은 정말 유감스러운 일이 아닐까요? 이것이 어떠한 돌인지 제군들이 충분히 관찰하고 모르는 부분은 누군가에게 질문해야만 지식도 더욱 향상되겠지요.

그래서 그 돌을 자세히 살펴본 즉 색이 검고 빛나기 때문에 어쩌면 석탄이 아닐까 생각하여 주머니칼로 상처를 내어 보니 쉽게 흠집이 생기고 또 이것을 자르려 하니 부서질 정도로 무릅니다. 지금까지 살펴 본 모습이 마치 여태껏 관찰해 온 석탄의 모습과 같았기

---

63) 중국 진나라의 소왕(昭王)이 15채의 성과 바꾸었다고 하는 조나라 혜문왕의 진귀한 옥에서 유래한 말로, 더할 나위 없이 좋은 보배를 뜻한다.

에 더욱 석탄이 아닐까 생각되어 바위를 부수어 그 돌을 채취하고 한층 자세히 살펴보니 그 형태가 정육면체이고 중량이 꽤 나갑니다. 그래서 제군들은 지금까지 본 석탄 중에 정육면체인 것은 없었고 또한 이 정도로 무거운 것도 없었는데, 지금 이러한 석탄이 있다는 것이 이상하다는 의문이 생길 것입니다.

이 의문을 해결하기 위해서는 별도로 실험을 하지 않으면 안 됩니다. 이에 그 돌을 목탄 위에 올려놓고 취관의 불길로 가열해 보니 하얀 연기가 나올 뿐 조금도 타지 않고 또한 그 연기의 냄새는 유황을 태울 때와 비슷한데 돌이 차츰 녹아내려 결국 회색의 가는 구슬이 생깁니다. 그래서 이 구슬을 관찰하니 의심의 여지없이 납이었기에 제군들은 곧 의문이 풀려 이 돌은 절대 석탄이 아니며 유황과 납을 포함한 물질이라는 것을 알게 됩니다.

이와 같이 제군들이 하나의 지식을 얻게 되어도 결코 책을 읽어서가 아니고 교사에게 배워서도 아닌, 단지 말 못하는 돌 한 덩이를 향해 실험이라는 수단을 이용하고, 너는 단단한가, 물렁한가, 불에 타는가, 타지 않는가, 여러 가지로 질문을 해서 알게 된 것이지요. 모든 학문이라는 것은 책을 읽거나 교사에게 배우는 것만이 다가 아닙니다. 지금 말한 대로 스스로 실험 해보고 스스로 깨닫는 것이 가장 중요한 학문인 것입니다. 그러니 만일 제군들이 집에 돌아가서 앞에서 언급한 실험의 전말을 이야기하고, 돌을 꺼내어 광물학자에게 질문한다면 광물학자는 이를 납과 유황의 화합물인 방연광이라고 알려줄 것입니다. 방연광은 납을 채취하는데 극히 뛰어난 물질로 만약 산에 이 돌이 많이 있다면 이것을 채취하여 큰 이익을 얻게 될 것입니다. 이 돌은 때때로 은이 함유된 것도 있기 때문에 각각의 방법으로 은을 제조할 수도 있습니다. 필시 제군들은 유용한 광물을 찾아내었다고 칭찬을 받게 될 것입니다.

한 덩어리의 돌이라도 등한시하지 않고 간과하지 않아 유용한 학문과 발명을 이루는 일은 자주 일어납니다. 하물며 우리들의 오감에 느껴지는 만사 만물에 대해 실험이라고 하는 질문법을 행하여 하나하나 그 답을 얻어 간다면 그 이익이 얼마나 될까요? 서양인이 유독 잘하는 이학이라는 것도 모두 이러한 방법에서 생겨난 것입니다.

(원전)
고등소학독본 권4

明治二十年六月二十日版權所有屆

明治廿二年十月五日出版

文部省總務局圖書課藏版

發賣所　大日本圖書會社
東京市京橋區銀座壹丁目廿二番地

發賣所　仝支社
大坂市東區上難波南ノ町七十二番屋敷

（定價金拾五錢）

申スモノモ皆斯ノ如キ方法カヲ起リタノデムリマス.

高等小學讀本卷之四終

自分デ試驗シテ、自分デ悟ルノガ、一番肝腎ナ學問デムリマス。皆諸

君ハ、家ニ歸リ、右ノ試驗ノ次第ヲ話シテ、其石ヲ出シ鑛物學者ニ質

シタ事ナラバ、鑛物學者ハ、是ハ鉛ト硫黃トノ化合物ニテ、方鉛鑛ト

云フモノダト申シマセウ。此方鉛鑛ハ、鉛ヲ取ルニハ極佳強ナモノ

ニテ、若シ其山ニ、此石ガ、澤山アルナラバ、ソレヲ掘リ採ルハ、大層

ナ利益ニナリマセウ。此石ハ折々銀ヲ含ミテ居ルモノナレバ、ソレ

ゾレノ方法ニテ、銀ヲモ製シ得ラレマス。實ニ諸君ハ有用ナ鑛物ヲ

見出サレタト、屹度賞メラル、、デアリマセウ。

一塊ノ石ニテモ、等閒ニ看過サナケレバ、有用ナ學問ト有用ナ發明

トヲ爲スハ度々ノ事デアリマス。況シテ吾等ノ五感ニ觸ルヽ、萬事

萬物ニ向ウテ試驗ト申ス質問法ヲ行ヒ、一ヶ其答ヲ得ルトキハ、其利

益ハ、如何バカリデアリマセウ。西洋人ガ、ヒトリ得意トスル理學ト

百二十一

此疑ヲ解クニハ別ニ試驗ヲセネバナリマセヌ。因テ其石ヲ木炭ノ
上ニ置キ、吹管ノ熖ニテ熱シテ見ルニ、白イ烟ガ出ルノミニテ少シ
モ、燃エル事ナク、又其烟ノ臭ハ硫黃ヲ燃ヤスト同樣ニテ次第ニ燃
ケテシマヒ、終ニハ鼠色ノ細イ玉ヲ生ジマス。ソコデ此玉ヲ吟味ス
ルニ、疑モナク鉛ナレバ諸君ハ忽チ疑ガ晴レ此石ハ、全ク石炭デハ
ナク硫黃ト鉛トヲ含ミテ居ル物ダト云フ事ヲ知ル樣ニナリマセ
ウ。

斯ク諸君ガ、一ノ知識ヲ得タルモ決シテ本ヲ讀ンダカラデナク、又
教師ニ習ウタカラデモナイ。只物モ得言ハヌ一塊ノ石ニ向ウテ試
驗ト云フ手段ヲ用ヒ、汝ハ硬イカ軟イカ燃エルカ燃エヌカト色々、
質問シテ知リタ譯デアリマセウ。總テ學問ト申スハ、本ヲ讀ンダリ、
教師カラ習ウタリスル計リデハアリマセヌ。今、オ話シ中シタ通リ、

リ過ギテ此大切ナ芽ヲ枯ラシテシマフハ、誠ニ殘念ナコトデハム

マセヌカ諸君ハ箇ハ、コレ如何ナル石デアラウト、十分ニ吟味ヲ遂

グ、分ヲ又所ハ誰ニカ質問シテコソ其知識モ益ミ進ム道理デアリマ
セウ。

ソコデ、其石ヲ篤ト見ルニ、色ガ、黑クテ光リテ居ルユヱ若シヤ、石炭

デハナイカト、小刀ニテ疵ヲ付ケレバ容易ニ疵ガ付キ又是ヲ切ラ

ウトスレバ碎ケテシマフ程脆クアリマス其邊ノ處ハ丸デ平生吟

味シテ置イタ石炭ノ通リナレバ偖ハ石炭デアラウカト岩ヲ崩

シテ其石ヲ取リ猶能ク能ク見ルニ其形ハ立方体ニテ目方ガ、餘程

重イ、ソコデ諸君ハ、今迄見タ石炭ニハ立方体ノ物ハナク又是程重

イモノモナカリタノニ、今斯樣ナ石炭ガアルノハ不思議ナ事ダト

疑ガ起リマセウ。

斯樣ニ種々ノ手段ヲ用ヒテ石ノ性質ヲ吟味スル事ハ、鑛物學ト申

ス理學ノ一ツデ、是ヲ學ベバ石ノ性質、効用ヲ知リ又ハ研究スル仕

方ヲモ覺エラレマス。今、鑛物學ニ就テ高尚ナ事ハ暫ク置キ、若シ前

ノ樣ニ遊ビ同樣ナ仕方ニテ金銀ナドヲ合ミテ居ル石ヲ見出シ、ツ

レヨリ、鑛山デモ開ク樣ニナリタラバ諸君ノ愉快ト吾國ノ利盆ト

ハ、ドンナデアリマセウ、中々連城ノ璧位ナ事デハアルマイト思ハ

レマス。

玆ニ、一ツノ例ヲ擧ゲテオ話シ致シマセウ諸君ガ或ル山ニ登リシ

時、大キナ岩ノ表面ニ、今迄見タ事ノナイ黑イ石ガ、ピカピカ光リテ

居タト假ニ考ヘテ見マセウ其時諸君ハ、珍シイモノト氣ガ附イテ

モ、其儘通リ過ギテシマヘバ、ソレ迄ノ話シデ、何ノ役ニモ立チマセ

又、折角珍シイト思フ理學思想ノ芽ガ起リ、ナガラ、吟味モセズニ、通

分リマセウ。又同ジ疵ノ付ク石デモ其付キ方ニ、六ヶ敷ノト易イノ
トガ、アリマスユエ、ソレデ其硬サ加減ヲ比ベルコガ出來マス。斯樣
ニ簡單ナ仕方デモ、經驗サヘスレバ彼ト此ト同ジモノダカ、違フ
モノダカ概ネ、目當ガツイテ來ル樣ニナリマス。

前ノ樣ニ石ノ色ト形ト重サト硬サトヲ吟味シタ上ニ、吹管ト木炭
片トランプ(Lamp)トヲ用意シテ居ルトハ猶ヨク其性質ヲ知ルコガ、
出來マス。ソレハ、ドウスルゾト云フニ石片ヲ木炭ノ上ニ置キ、ソレ
ヲ吹管デ、吹イテ見テ、ドンナ變化ガ起ルカト吟味シテゴ覽ナサレ。
其石ハ何トモナラヌカ又ハ色ガ變ハルカ又ハ形ガ消エテシマフ
カ又ハ烟デモ出ルカト能ク能ク氣ヲ付ケテ居ルト其石ニ就テ色
色ナ事ガ分リマス。サウスルト諸君ハ段々ト面白クナリテ來テ只
ノ遊ヨリハ試驗ノ方ガ餘程面白クナルデアリマセウ。

百十七

マカセテ、眞實ヨリ出ヅルニテハ、ナキニヤト思ハレ候フ。ソレニテ

ハ、賴モシカラズコゝ候ヘト、云ヒシカバ諸臣皆迷惑シテ辭ナカリ

シトナリ。駿臺雜話

第三十六課　一塊ノ石

諸君ガ、山ヤ川ニ遊ブ時、目ニ見ルモノハ、石一塊デモ、等閑ニ看過サ

ナイガ宜シウムリマス。諸君ハ、其石ヲ取リテ出來ルダケ吟味スル

ト、ソレガ大層ノ學問ニナリマス。

先ヅ、其石ノ色ト形トヲ知リ、次ニ手ニ載セテ、其輕サ重サヲ試ミ、次

ニ釘ノ折レカ小刀ノ尖デ疵ヲ付ケテ見テ其硬サヲ知ルノガ肝腎

ナ事デアリマス。ドンナニシテモ、疵ガ付カヌノハ、餘程硬イ石デア

リマス。サレド、少シデモ疵ガ付ケバ可ナリ軟ナモノダト云フガ、

百十六

ヲ、高綱ニ賜ハルニアラズヤ。サレバ、其甲斐モナク、此馬ニテ宇治川
ヲ、先陣セズシテ、人ニ先ヲコサレナバ、必ズ討死シテ、フタヽビ歸ル
マジキト、賴朝ニイトマ乞ヒシテ出デケル。其志ヲ察シテ見ヨヽ、
アハレナヲ又事カハトテ、シバシバ涙ヲ拭ヒツヽ、シバシアリテイ
ヒケルハ又那須與市モ、大勢ノ中ヨリ選バレテ只一騎陣頭ニ出デ
ショリ、馬ヲ海中ニ乗リ入レテ、的ニ向フニ至ル迄源平兩家鳴ヲシ
ヅメテ是ヲ見物スルニ、モシ射損ジナバ、ミカタノ名ヲリタルベシ。
馬上ニテ腹カキ切リテ海ニ入ラント、覺悟シタル心ヲ察シテミラ
レ候へ、武士ノ道程ノアハレナル物ハ候ハズ、某ハ、每ニ戰場ニ臨ミテ
ハ、高綱宗高ガ心ニテ、槍ヲ取リ候フ故右ノ平家ヲ聞ク時モ兩人ノ
心ヲ思ヒヤリテ落涙ニ堪ヘザリシ。シカルニ、各ニハ、アハレニテナ
カリシト申サル、ニツケテ思フニ、各ノ武邊ハ、タヽ一旦ノ勇氣ニ

ガ、宇治川ノ先陣ヲ語リケルニ、天德寺、アハレガリテ雨雫ト泣キケ

ルサテ、今、一曲、前ノゴトクアハレナル事ヲ聞キタシトイヘバ那須

與市宗高ガ扇ノ的ヲ語リケルニ平家半ヨリ天德寺、マタ落涙數行

ニ及ベリ。

後日ニ家臣ノ輩ニ過ギシ日ノ平家ハ、イカヾ聞キツルトイフニ家

臣ドモ、尤モオモシロキ事ニテ候フ、但シ我等ドモ、ヒトッ心得ヌ事

コソ候ヘ、前後二曲トモニ、勇烈ナル事ニテ、アハレナル方ハスコシ

モ候ハヌニ、君ニハ御感涙ニ咽バレテ候フ是ハ、イカヾノ事ニテ候

フニヤ、今ニ不審ナル事ニ、イヅレモ申シアヒ候フトイヘバ天德寺、

驚キテ、只今迄ハ各ヲ賴モシク思ヒシガ、今ノ一言ニテサテ

テ力ヲオトシテ候フ、先ヅ佐々木ガ、先陣ヲヨク合點シテ見ヲレ候

ヘ、賴朝、舍弟ノ蒲冠者ニモ賜ハラズ寵臣ノ梶原ニモ賜ハヲヌ生啮

百十四

倉ニコッ着キ給ヒケレ其日、ヤガテ、南條左衛門高直請取リ奉リテ、

諏訪左衛門ニ預ケラル。一間ナル處ニ、蜘手キビシク結ヒテ押籠メ

奉ル有樣只地獄ノ罪人ノ十王ノ廳ニ渡サレテ頸械手杻ヲ入レラ

レ罪ノ輕重ヲ糺スランモ、カクヤト思ヒ知ヲレタリ。太平記

亭午 正午ナリ。

汲下流而延齢 支那南陽ノ鄧縣ト云フ所ノ人ハ山ヨリ
レ落ツル水ヲ飲料ニ用ヒテ百二
三十ノ齢ヲ保ツ者モ有リト云フ。

蜘手 蜘ノ巣ヲ掛ケタル如ク横
竪ニ水ヲ渡スヲ云フ。

第三十五課　佐野天德寺琵琶ヲ聽ク

相州北條ノ幕下、佐野ノ城主天德寺、豪健ノ勇將ナリシガ、アル時琵

琶法師ヲ招キテ平家ヲ語ラセテ聞キケルニ、イマダ語ラヌ先ニ、琵

琶法師ニ向ヒケルハ、某ハ、タマタマアハレナル事ヲキ、タクコソアレ、

其心得シテ語リ候ヘトイヘバ、法師、心得候フトテ、佐々木四郎高綱

百十三

山ノ花盛リ、龍頭鷁首ノ舟ニ乘リ、詩歌管絃ノ宴ニ侍リシ事モ、今ハ、

二度見ヌ夜ノ夢ト成リヌト思ヒツヽケ給フ。島田藤枝ニ懸カリテ、

岡邊ノ眞葛裏枯レテ物カナシキ夕暮ニ、宇都ノ山邊ヲ越エ行ケバ、

蔦楓イト茂リテ道モナシ、昔業平ノ中將ノ住ミ所ヲ求ムトテ吾妻

ノ方ニ下ルトテ夢ニモ人ニ逢ハヌナリケリト讀ミタリシモ、カク

ヤト思ヒ知ラレタリ清見潟ヲ過ギ給ヘバ、都ニ歸ル夢ヲサヘ通サ

ヌ波ノ關守ニ、イトヾ涙ヲ催サレ、向ヒハ、イヅコ三穗ガ崎奥津神原、

打過ギテ富士ノ高根ヲ見給ヘバ、雲ノ中ヨリ立ツ烟上ナキ思ヒニ

比ベツ、明クル霞ニ、松見エテ、浮島ガ原ヲ過ギ行ケバ、鹽干ヤ淺キ、

船浮ケテオリ立ツ田子ノ自ヲモ、浮世ヲ遠ル車返シ、竹ノ下道行キ

惱ム足柄山ノ嶺ヨリ、大磯小磯見オロシテ、袖ニモ波ハコユルギノ、

イソグトシモハナケレ𛀁、日數ツモレバ、七月二十六日ノ暮程ニ、鎌

行法師ガ、命ナリケリト詠ジツヽ、二度モ越エシ跡マデモ、浦山敷クゾ
思ハレケル隙行ク駒ノ足ハヤミ、日巳ニ亭午ニ昇レバ餉進ヲスル
程トテ、輿ヲ庭前ニ昇キ止ム。懷ヲ叩キテ警固ノ武士ヲ近付ケ、宿ノ
名ヲ問ヒ給フニ、菊川ト申スナリト答ヘケレバ、承久ノ合戰ノ時、院
宣書キタリシ咎ニ依リテ、光親卿關東ヘ召下サレシガ、此宿ニテ詠
セラレシ時、

昔南陽縣菊水、
今東海道菊河。

汲二下流一而延齢。

宿二西岸一而終命。

ト書キタリシ遠キ昔ノ筆ノ跡、今ハ我身ノ上ニナリ、哀ヤイトヾ増
サリケン、一首ノ歌ヲ詠ジテ宿ノ柱ニゾ、書カレケル。

古モ、カヽルタメシヲキク川ノ、同ジ流ニ身ヲヤ沈メン。

大井河ヲ過ギ給ヘバ、都ニアリシ名ヲ聞キテ、龜山殿ノ行幸ノ嵐ノ

テモ、涙ニ曇リテ見エ分カズ。物ヲ思ヘバ夜ノ間ニモ、老蘇ノ森ノ下

草ニ駒ヲ止メテ顧ミル、故郷ヲ雲ヤ隔ツラン番馬、醒井、柏原、不破ノ

關屋ハ荒レ果テ、猶モルル物ハ秋ノ雨ノ、イツカ我身ノヲハリナル

熱田ノ八劍伏シ拜ミ、鹽干ニ今ヤナルミ潟傾ク月ニ道見エテ明ケ

ヌ墓レヌト行ク道ノ末ハ、イツクト遠江濱名ノ橋ノ夕鹽ニ引ク人

モ無キ捨小船沈ミ果テヌ身ニシアレバ誰カ哀トダ暮ノ晩鐘鳴

レバ、今ハトテ池田ノ宿ニ着キ給フ。元暦元年ノ頃カトヨ重衡ノ中

將ノ東夷ノ爲ニ囚ハレテ此宿ニ着キ給ヒシニ、東路ノ埴生ノ小屋

ノイブセキニ、故郷イカニ戀ヒシカルラント、長者ノ女ガ讀ミタリ

シ其古ノ哀マデモ思ヒ殘サヌ涙ナリ。旅館ノ燈幽ニシテ雞鳴曉ヲ

催セバ匹馬風ニ嘶エテ天龍川ヲ打渡リ、小夜ノ中山越エ行ケバ、白

雲路ヲ埋ミ來テ、ソコトモ知ヲヌ夕暮ニ、家郷ノ天ヲ望ミテモ昔西

百十

犯赦サ々ルハ、法令ノ定マル所ナレバ何ト陳ストモ許サレジ、路次
ニテ失ハル、カ鎌倉ニテ斬ヲル、カ二ツノ間ヲバ、離レジト思ヒ
儲ケテゾ出デヲレ/ケ々ル落花ノ雪ニ踏ミ迷フ、片野ノ春ノ櫻ガリ、紅
薬ノ錦ヲ着テ歸ル、嵐ノ山ノ秋ノ墓、一夜ヲ明カス程ダニモ、旅寢ト
ナレバ懶キニ恩愛ノ契リ淺カラヌ我故郷ノ妻子ヲバ、行末モ知ラ
ズ、思ヒ置キ、年久シクモ住ミ馴レシ、九重ノ帝都ヲバ、今ヲ限ト顧ミ
テ、思ハヌ旅ニ出デ給フ心ノ中ゾ哀ナル憂キヲバ留メヌ相坂ノ關
ノ清水ニ袖濡レテ末ハ山路ヲ打出ノ濱沖ヲ遙ニ見渡セバ鹽ナヲ
ヌ海ニコガレ行ク身ヲ浮舟ノ浮キ沈ミ、駒モ、ト々ロト踏ミ鳴ヲス、
勢田ノ長橋打渡リ行キカフ人ニアフミヂヤ世ノウネノ野ニ鳴ク
鶴モ子ヲ思フカト哀ナリ、時雨モ、イタクモリ山ノ木ノ下露ニ袖ヌ
レテ、風ニ露散ル篠原ヤ、篠分クル道ヲ過ギ行ケバ鏡ノ山ハ、アリト

其將孟明視ニ向ヒテ、今ヲ限ノ別ヲ悲ミ、今ノ楠判官ハ、敵軍、都ノ西

二近ヅクト聞キシヨリ、國必ズ滅ビレヿヲ愁ヘテ其子正行ヲ留メ

テ、ナキ跡マデノ義ヲ勸ム、彼ハ異國ノ良弼、是ヲ吾朝ノ忠臣、時千載

ヲ隔ツト雖モ、前聖後聖、一揆ニシテ、有リ難カリシ賢佐ナリ。太平記

養由基 支那ノ周ノ時代養由基ノ
善ク弓ノ名人ナリ。

百里奚 秦ノ穆公ノ臣
ニテ賢人ナリ。

紀信 漢ノ高祖ノ臣ニテ高祖ノ
身代リニ死セシ人ナリ。

孟明視 百里奚ノ
子ナリ。

第三十四課　俊基關東下向

俊基朝臣ハ、先年、土岐十郎頼貞ガ、討レシ後、召捕ラレテ、鎌倉マデ下

リ給シカ丘、樣々ニ陳シ申サレシ趣、ゲニモトテ、赦免セラレタリケ

ルガ、又今度ノ白狀ドモニ、專ヲ隱謀ノ企、彼、朝臣ニ在リト載セタリ

ケレバ、七月十一日ニ、又六波羅ヘ召捕ラレテ、關東ヘ送ラレ給フ再

訓ヲ殘シケルハ、獅子々ヲ産ミテ三日ヲ經ル時、數千丈ノ石壁ヨリ、
是ヲ投グ、其子、獅子ノ機分アレバ、教ヘザルニ、中ヨリ跳ネ返リテ死
スルコヲ得ズトィヘリ、況ヤ、汝巳ニ十歳ニ餘リヌ、一言耳ニ留マラ
バ、我教誡ニ違フコナカレ、今度ノ合戰、天下ノ安否ト思フ間ニ、今生ニ
テ、汝ガ顔ヲ見ン事、是ヲ限ト思フナリ、正成巳ニ討死スト聞キナバ、
天下ハ必ズ將軍ノ代ニ成リヌト心得ベシ、然リト雖モ、一旦ノ身命
ヲ助カラン爲ニ、多年ノ忠烈ヲ失ヒテ、降人ニ出ヅルコアルベカラ
ズ、一族若黨ノ一人モ、死殘リテアラン程ハ、金剛山ノ邊ニ引籠リテ、
敵寄セ來ラバ、命ヲ養由ガ矢サキニ懸ケテ、義ヲ紀信ガ忠ニ比スベ
シ、是ゾ汝ガ第一ノ孝行ナランズルト泣々申含メテ、各東西ヘ別レ
ニケリ。

昔ノ百里奚ハ、穆公晉ノ國ヲ伐チシ時、戰ノ利無カラン事ヲ鑒ミテ、

ノ天性ハ、其後足ヲ揚ゲテ敵ヲ蹴リ、時ニハ猛獸ヲモ倒スコアリ、又

鹿ノ天性ハ、其危難ニ迫ル時ハ、直ニ水中ニ投ジ、其鼻ノミヲ水上ニ

出ダシテ呼吸シ以テ僅ニ其危難ヲ免ル。是レ其追躡者ヲシテ已ノ

臭氣ヲ求ムルコ能ハザラシメンガ爲ナリ。其他兎ノ敵ヲ避ケテ跳

躍スル如キ、海狸ノ巣ヲ造ル如キ、鳥獸ノ其兒ヲ愛スル如キ等皆其

天性ニアラザルハ無シ。

鑷羽　一遍食ヒタル草ナドヲ再ビ
胃中ヨリ出ダシテ食フ。

斃伏　カタマリ
ハ、ヒ。

第三十三課　楠正成ノ遺誡

正成、五月十六日ニ都ヲ立チテ五百餘騎ニテ兵庫ヘゾ下リケル正

成是ヲ最期ノ合戰ト思ヒケレバ、嫡子正行ガ、今年、十一歳ニテ供シ

タリケルヲ思フ様アリテ櫻井ノ宿ヨリ、河内ヘ返シ遣ストテ庭

ルベシ又咬肉獸モ、如何ニシテ他ノ動物ヲ捕獲スベキカノ智能ヲ

闕クドハ其爪、其齒亦一ノ用ヲ爲ス所ナカルベシ。是等ノ智能ヲバ、

即チ動物ノ天性ト稱スルナリ。

咬肉獸ノ天性ハ其食物ヲ取ルニ際シテ是ヲ見ルフヲ得ベシ。是等

ノ動物ハ其食トスル所概ネ、肉類ニシテ、時ニハ己ヨリ大ナル動物

ヲ捕フル事アリ。故ニ此場合ニハ己ノ力ニノミ依賴スベキニアラ

ズ、暗夜、水邊ニ贄伏シテ牛羊、馬鹿ノ來ルヲ待チ不意ニ突進シテ是

ヲ捕獲スルナリ。獅子ノ如キハ時ニハ其頭ヲ大地ニ附ケテ吼ユル

コトアリ。然ルドハ其聲遠ク響キテ百獸恐レ惑ヒ遽ニ東西ニ遁逃セ

ントス。獅子乃チ其隙ヲ窺ヒ直ニ是ヲ捕獲スルナリ。

犬狼ハ他獸ノ臭氣ヲ逐ヒテ己ヨリ强キ動物ヲ捕フル事アリ。牛羊、

鹿ハ急遽ノ際ニハ相集マリテ一隊ヲ作リ以テ敵ヲ防グナリ。又馬

百五

牛羊ノ類ハ龤芻スル者ナレバ、自ラ是ニ適ヒタル胃ヲ具フルナリ。

但シ其四肢ハ身體ヲ支持シ、且遲動スルノ用ヲ爲スノミニテ、食物ヲ取ルノ用ヲ爲スコトナシ。

嚙肉獸ハ、其爪他ノ動物ヲ捕フルニ適シ、其齒銳利ニシテ、是ヲ裂キ碎クニ便ナリ。又猫ハ其性柔和ナレヒモ獅子虎ト同類ノ獸ナレバ、鼠ヲ捕獲スルノ巧ナルハ、猶虎ノ羊鹿ヲ捕フルニ異ナラズ又野兎鼹鼠ノ齒ハ物ヲ嚙ムノ用ヲ爲シ、豚ト野猪トノ鼻ハ穴ヲ掘リテ植物ノ根ヲ穿ツニ適セリ

是等ハ、動物ガ己ノ食ヲ取リ己ノ身體ヲ保護スルノ機關ニ過ギズ。

然レヒモ動物ニシテ若シ智能ヲ闕クヒハ、是等ノ機關アルモ、一ノ用ヲ爲ス所ナシ、例ヘバ家畜類ニシテ、食フ可キ草類ノ適否ヲ選擇ルノ感覺ヲ闕クヒハ、其齒モ其胃モ、決シテ己ガ身ヲ益スルコトナカ

モ義貞勇士ノ義ヲ知ラレバ、サル事ヤアルベキト制セラルベシ又

義貞コナタノ許否ヲ試ミン爲ニ云ヒコサルトモ北ノ方ハ我方懈

ノ名ヲ失ハジト思ハレバ竪ク是ヲ拒ガルベシ只ノ方ヲ友トス

ルウタテサヨト、一度ハ恨ミ、一度ハ怒リ彼使ノ見ル前ニテ其文ヲ

刀ニ握リ加ヘテ腹カキ切リテ死シケル鳴呼聖秀、イカナル人ゾヤ、

義氣ノ勇壯志操ノ潔白是ニ過ギタル事ヤアルベキ。駿臺雜話

板蕩 _{世ノ亂レ} タルコ。

第三十二課　動物ノ天性

各動物ハ、食物ヲ取リテ、是ヲ食ヒ、且是ヲ消化スルノ機關ヲ有シ、兼

テ又自衛ノ機關ヲモ具ヘタリ例ヘバ、家畜獸ハ草ト穀類トヲ常食

トスルニ由リ、是ヲ嚙ミ碎クニ適シタル廣キ齒ヲ具フ其中ニテモ、

火ヲ掛ケテ、東勝寺ヘ落チケルト云ヘバ、御屋形ノ燒跡ニハ、討死ノ

者多ク見ユルカト間ヒケルニ、一人モ見エズト云フヲ聞キテ、口惜

シキ事カナイザ、殿原迚モ死ナン、命ヲ御屋形ノ跡ニテ心靜ニ自害

セントテ、百餘騎ヲ相從ヘテ、屋形ノ跡ヘ赴キシガ、今朝マデ並

ベテサシモ奇麗ナリシ大厦高墻忽ニ灰燼トナリヌルヲ見テ聖秀、

感慨ニ堪ヘズ涙オサヘ惘然トシテ立チタル處ヘ彼文ヲモテ來リ

ヌ。

是ヲ披キ見レバ、鎌倉ノ有樣今ハ、サテトコソ承リ候ヘバ、イカニモ、

此方ヘ御出デ候ヘ、身ニカヘテモ申宥ムベシトアリ、聖秀、是ヲ見テ、

大キニ色ヲ損シテ申シケルハ、我レ今マデ主恩ニ浴シテ、人ニ知ラ

ル、身ガ、今事ノ急ナルニ臨ミテ降人ニナリテ出デナバ、豈恥ヲ知

リタル者ト云ハンヤ。サレバ、女性心ニテ假ヒ斯樣ノ事ヲ云ハルト

北條時政始テ執權トナリシヨリ、是ニ至リ百十餘年ニシテ、北條氏、遂ニ滅亡セリ。

先瑩墓所ナリ。_{先祖代々ノ}

第三十一課　安東聖秀ノ義氣

元弘建武ノ亂ニ至リテ、天下板蕩ノ間、難ニ死シ、節ニ死スルノ士、限ナク相見エ候フ中ニ、翁、カネテ安東左衞門聖秀ガ事ヲ感ジテ落涙シケル。

聖秀ハ、北條高時ノ臣ナリ。新田義貞ノ妻ノ爲ニハ、伯父ナリシカバ、鎌倉已ニ陷ル時、彼女房義貞ノ文ニ、吾文ヲ添ヘテ、竊ニ聖秀ガ許ヘ遣シケル。聖秀ハ、高時ガ將トシテ、新田ノ兵ト戰ヒシガ、郎等、大カタ討死シ、聖秀モ、薄手アマタ負ヒテ引キ歸シケルガ、高時、已ニ屋形ニ

タシム、義貞入間河ニ逆ヘ戦ヒテ大ニ是ヲ破リ、進ミテ鎌倉ニ逼レリ。

是ニ於テ、義貞、三道ヨリ進ミテ、鎌倉ヲ攻ム、特ニ自ヲ精兵ヲ率ヰテ、稲村崎ヨリ直ニ府中ニ入リ、風ニ乗ジテ火ヲ縱チシカバ、忽ニシテ烟焰天ヲ蔽ヒ、邸宅盡ク灰燼トナル。高時遂ニ抗スベカラザルヲ知リ、千餘人ヲ以テ、東勝寺ノ先塋ニ逃レタリ。ヒトリ長崎高資ノ子高重ハ敵軍中ニ入リテ大呼奮戦シ、義貞ヲ狙撃セントシテ遂ニ果ス「能ハズ。因テ更ニ東勝寺ニ至リシニ、高時以下、方ニ訣飲セリ。高時乃チ杯ヲ高重ニ與ヘシカバ、高重、飲ミテ是ヲ摂津道準ニ傳ヘ、自ラ腹ヲ屠リ、膓ヲ抉リテ是ヲ出ダス、道準、笑ヒテ曰ク、好下物ナリト滿酌半ヲ盡シ、是ヲ諏訪直性ニ傳ヘテ死ス、直性モ亦長崎圓喜等ト共ニ死ス、是ニ於テ、高時遂ニ自殺セリ、從死スル者數百人ナリト云フ。

資ノ議ヲ用ヒテ、天皇及親王ヲ遠地ニ流シ、公卿ノ是ニ黨スル者ヲ
斬ヲンガ爲ニ、兵三千ヲ京師ニ送レリ。

天皇、是ヲ聞キテ遽ニ叡山ニ逃レ、更ニ又笠置山ニ入ル、笠置陷ルニ
及ビ、高時遂ニ天皇ヲ隱岐ニ流シ奉リ、藤原藤房等六人ヲ流シ、又俊
基等四人ヲ斬ニ處シタリ、是ヨリ高時ハ、全力ヲ盡シテ楠正成ヲ金
剛山ニ攻メシカド、未ダ克ツ能ハズ、時ニ、新田義貞モ、亦北條氏ノ
軍ニアリシガ、高時ノ亡滅遠キニアラザルヲ知リ、陰ニ大塔官ノ令
旨ヲ奉シテ、上野ニ歸リ、遂ニ義兵ヲ起サンコヲ謀レリ。

義貞ハ、上野新田郡ヲ領セシガ、其地ニハ、モト豪富ノ民多ク住マヒ
セリ、故ニ、高時、益兵食ヲ調發セントテ、其地ノ民ニ六十萬錢ヲ課シ、
吏卒ヲ澧シテ是ヲ催促セシム。義貞是ヲ怒リ、其吏ヲ斬リテ首ヲ里
門ニ梟ス、高時聞キテ大ニ怒リ、遂ニ兵十一萬ヲ發シテ、新田氏ヲ擊

第三十課 北條氏ノ滅亡

北條高時ハ貞時ノ子ナリ。其執權トナルニ當リ、安達時顯、長崎圓喜

ノ二人心ヲ協ハセテ輔翼シ、泰時ノ舊規ヲ守レリ。是ガ爲ニ人民猶

是ニ歸服ス。圓喜致仕シテ、子高資是ニ代ルニ及ビ、賄賂公行シテ、聊

陞與奪多クハ其私意ニ出ヅ。而シテ高時ハ、日々飲宴シテ、毫モ意ヲ

政治ニ留メズ。故ニ、士民是ニ叛ク者多シ。

後醍醐天皇、北條氏ノ陪臣ヲ以テ、世々天皇ノ廢立ヲ定ムルヲ憤リ、

陰ニ是ヲ討滅セントコヲ謀ラル。故ニ、高時ノ政治ニ怠ルヲ見テ、藤原

資朝藤原俊基ヲシテ、豪傑ヲ誘致セシム。已ニシテ、高時是ヲ知リ、資

朝ト俊基トヲ捕ヘテ、是ヲ鞠問セリ。是ニ於テ、資朝ヲ佐渡ニ流シテ、

俊基ヲ釋シ、尋デ稍〻平定セリ。其後天皇再ビ護良ト共ニ諸寺ノ僧徒ヲ

誘ヒ、僧圓觀ヲシテ北條氏ヲ呪詛セシム。高時其陰謀ヲ知リ、遂ニ高

於テ、其地ヲ五十區ニ分割シテ、是ヲ五十八人ニ配付シ、各其技倆ヲ盡

シテ築造セシメタリ。故ニ、其勝致絶景、天然ノ美ヲ欺キ、眞ニ天下ニ

比類ナキ公園トナレリ。

紐約克府ハ、世界中ニテ一二ヲ爭フベキ商業繁盛ノ地ニシテ、鐵道

ハ、全國諸州ヨリ、恰モ蜘蛛ノ網ノ如ク來リテ此處ニ集マリ、殊ニ高

架鐵道汽車ガ、市街道路等ノ上ヲ走リ、其奇構壯觀ハ世界無比ト謂

フベシ。又此府トブルークリン府トノ間ニハ世界第一ノ長橋ヲ架

セリ。又其港ハ、世界中屈指ノ良港ニシテ、其周圍ハ、二十五哩直徑八、

八哩アリ。内外船舶ノ出入絶ユル時ナク、一歳ノ輸出入高ハ、七億萬

弗以上ニ上レリ。東ハ、太西洋ヲ横ギリテ、歐羅巴ニ直航スベク、内地

ハ、ホドソン河ヨリ、運河ヲ經テ各地ニ貨物ヲ運搬スベシ。故ニ、其繁

華ハ、世界中、倫敦巴里ヲ除キテ、是ニ比類スル處ナシ。

高架鐵道

キ土地ヲ購ヒ以テ築造セ
シ所ナリ。元來當府ハ、ホド
ソン、イースト兩河ノ河口
ヲ占メテ總テ平地ナルガ
故ニ、此公園ニ假山、泉石ヲ
築造スルハ其費用ノ大ナ
ルコ、推シテ知ルベシ。初メ
是ヲ築造スルニ當リ、數多
ノ園丁ヲシテ其圖式ヲ出
ダサシメ最モ勝レタル者
ノミヲ選ビシニ、其人數五
十名ノ多キニ及ベリ。是ニ

ハ諸種ノ株式取引ヲ業トスル商店多ク、ヒフス、アベニュー(Fifth Avenue)ハ頗ル繁華ノ街衢ニシテ、サウス街(south Street)ハ海漕ヲ業トスル家、殊ニ多シ。其他、パール(Pearl)、パイン(Pine)、シダル(Cedar)街等ハ雑貨ヲ販賣スル肆店櫛比セリ。

府内ノ建築ハ皆壯麗ヲ極メタリ中ニモ、ウォール街(Wall Street)ノ商會館ハ、長サ百二十間幅二十五間アリ其基礎ヨリ四階マデハ高サ七丈餘屋頂マデハ十二丈餘アリ其建築費ト地價トヲ合算スレバ、百八十萬弗ノ巨額ヲ費シタリ又政府ノ文庫ハ白大理石ニテ築造シ其費用ハ百十七萬弗餘ニ上レリ又府廳ハ其建築ニ五百萬弗ヲ費シテ落成セリト云ヘリ。

府内ノ遊園ハ、セントラル、パーク(Central Park)ト云ヘル公園ヲ以テ最モ大ナリトス此公園ハ府民ヨリ釀金シテ府ノ中央ニ當レル廣

Central Park

ウエー（Broadway）ト云ヘ
高キ廣街アリ。長サ三哩餘
ニシテ幅八丈アリ。官廳、旅
館、商館等相連ナリ。車馬、行
人ノ雜沓スルコ、常ニ路ニ
溢ル、、ニ至ルヘ其東ニボー
ウエン（Bowen）街アリ、是レ亦
美麗ナル街路ナリ。其北、一
哩半ニシテ新開ノ市街ニ
達ス其長サ八哩アリテ廣
サ十丈ニ餘レル廣街數條
アリ。ウヲール街（Wall Street）

身をつくせよ盡せ。氷りたる海も、息捲きわたり、沙漠の中も厭は
ず進め旭日の旗の飜るところそ是れ吾國ぞ、皆わが國ぞ。

第二十九課　紐約克

紐約克 (New York) ハ北亞米利加合衆國紐約克州ノ貿易都府ニシテ、
合衆國第一ノ都會ナリ、其西ヲ流ル、ホドソン河 (Hudson River) ノ對
岸ニゼルシー (Jersey) ト云ヘル府アリ、又其東ヲ流ル、イースト河
(East River) ノ對岸ニブルーノリン (Brooklyn) ト云ヘル府アリ、其ニ紐約
克府ノ外坊ナリ。本府ト外坊トノ人口ヲ合算スルニ二百萬ノ上ニ
上ルト云フ。

此府ノ南端ニバッテリー (Battery) ト云ヘル遊園アリ海水ノ侵入ヲ防
ガン為ニ長堤ヲ築キ、園内ノ粧飾極テ美麗ナリ。其北東ニブロード

第一

皇國の民よ、わがそらからよ、國のため盡せ、きみのため盡せ、家の

ため、身のためつくせよつくせ、銃丸ふる中も、れそれずゝめ、太

刀打つ下も、ひるまずそゝめ、旭日の旗の、ひるがへるところは、是

れわが國ぞ皆わが國ぞ。

第二

皇國のたみよ、わが兄弟よ、銃砲の音響き、鯨波の聲きこゆ、君のた

め、心をつくせよ盡せ。屍積む山も踏み越えすゝめ、血汁の川も、躍

こてすゝめ、旭日の旗の、ひるがへる處は、是れわが國ぞ皆わが國

ぞ。

第三

皇國のたみよ、我同胞よ、暴風吹きまきて、敵の旗靡く、國のため、吾

敵ハ叉廣サ一丈五尺長サ二丈餘ノ梯ヲ作リ、城ノ切岸ノ上ヘ倒シ懸ケ、五六千ノ兵ハ同時ニ梯ヲ渡リテ進ミタリ。正成ハ、兼テ用意シタルニヤ、被松明ノ先ニ火ヲ附ケテ梯ノ上ニ投ゲ附ケ、冰彈ニテ油ヲ懸ケタレバ、火ハ梯ニ燃エ附キ、溪風燄ヲ吹キ揚ゲ、梯ハ、中ヨリ燃エ折レテ谷底ヘ、ドウト落チタリ、梯ヲ渡リタル兵ハ、火ノ中ヘ落チ重ナリテ、一人モ殘ラズ燒ケ死ニタリ。其内、主上ハ伯耆國ヘ臨幸アリテ、官軍ノ諸將、六波羅ヲ攻メントシケレバ、敵ハ皆圍ヲ解キテ去リタリ。主上、內裏ヘ還幸ノ時正成ハ御迎ニ兵庫ニ參リタレバ、主上ハ斯ク早速ニ事ヲ遂グシハ偏ニ汝ガ忠戰ノ功ナリト、深ク感シタマヒケリ。太平記ヲ參取ス

第二十八課　皇國の民

果テ、此城ハ力攻ニハ、成リ難シ、唯取リ卷キテ、食漬ニセントテ、軍

ヲ止メタリ。

正成ハ叉寄手ヲ誑カサントテ、藁人形ノ長ケホド二三十作

リ、甲冑ヲ着セ刀ヲ持タセ夜中ニ城ノ外ニ立テ置キ、其後ニ五百人

バカリノ兵ヲ雜ヘ夜ノホノボノト明クル時ニ同時ニ鬨ヲドット

作ル四方ノ寄手ハ鬨ノ聲ヲ聞キテ城中ヨリ打チ出デタリト思ヒ、

我モ我モト攻メ合ヒタリ城ノ兵ハ兼テ巧ミシ事ナレバ、矢軍ヲ少

シバカリスルマネシテ、大勢ヲ近ヅケ、人形バカリヲ殘シ置キテ兵

ハ次第次第ニ城ノ中ヘ引キ取ル寄手ハ八人形ヲ實ノ兵ゾト心得テ、

是ヲ打タントテ集マル處ヲ、城中ヨリ大石ヲ四五十一度ニバット

發ス・一所ニ集マリタル敵三百餘人忽チ打チ殺サレ、半死半生ノ者、

五百餘人ニ及ベリ.

兵粮既ニ竭キテ四五日ノ食ヲ殘シ、今ハ長ク防ギ戰フベキニアラ
ザレバ、正成ハ、城中ニ大ナル穴ヲ掘リ、其中ニ討死シタル死人ヲ二
三十人取リ入レ其上ニ炭薪ヲ積ミ置キ、城中ニ一人ヲ殘シ其外ノ
人ハ正成ヲ始メ雨降リテ、風烈シキ夜ニ潜ニ城ヲ出デタリ
其跡ニ殘リタル人ハ、時分ヲ計リテ、城ニ火ヲ附ケタレバ寄手ノ軍
勢ハ火ニ驚キテス、ハヤ城ハ落チケルゾトテ、勝鬨ヲ作リ我レ先キ
ニト進ミタリ燒ケ靜マリテ後穴ニ在ル屍骸ヲ見テ正成ハ自害シ
タリト思ヒテ湯淺孫六入道定佛ヲ赤坂ノ城ニ留メ其餘ノ兵ハ皆
關東ニ歸ル正成ハ金剛山ニ隱レテ居タリシガ、俄ニ兵ヲ帥井テ赤坂
ノ城ヲ攻メタレバ湯淺ハ思ヒモ寄ヌ事ナレバ叶ハズシテ降參
セリ正成ハ、ソレヨリ、金剛山ニ還リ、千劍破ニ城ヲ築キ、大軍ヲ引受
ケテ防ギ戰ヒ、サマザマノ謀ヲ以テ討チ破リケレバ、敵モ、今ハ困リ

八十九

ハ、御運ヲ開キタマフ時アルベシト申シテ、河内ヘ還リ、俄ニ赤坂ニ

城ヲ築キテ、大軍ヲ待チ受ケタリ。

此城ハ、東一方ハ少シ難所ナレド、三方ハ皆平地ニ接キタリ。マシテ、

俄ニ作リタル事ニテ、何事モ調ハネバ、敵ハ、是ヲ侮リテ攻メ寄セタ

リシガ、本ヨリ塀ヲ二重ニ塗リテ、外ノ塀ヲバ切リテ落スヤウニ拵

ヘタル事ナレバ、城中ヨリ四方ノ塀ノ釣繩ヲ、一度ニ切リテ落シタ

リ。サレバ、塀ニ取リ附キタル寄手ハ、盡ク塀ニ壓サレテ手足ヲアガ

キ、聲ヲ揚ゲテ叫ブ處ヲ、大木大石ヲ投ゲ懸ケテ打チ殺ス。敵ハ又熊

手ヲ懸ケテ塀ヲ引キ倒サントスルニ、城ノ内ヨリ柄ノ一二丈アル

長キ杓ニ熱湯ヲ湛ヘリタルヲ酌ミテ懸ケタル間、熱湯身ニ透

リテ燒ケ爛レケレバ、楯モ熊手モ打チ捨テ、引キ退ク其後敵ハ、戰

ヲ止メテ遠攻ニシタリ。軍始マリテヨリ、僅ニ二十日餘ナレド、城中、

正成笠置ノ行在所ニ於テ勅諭ヲ奉答ス

摸ノ二國ノ兵ニハ、
當リ難シ若シ謀ヲ
以テ爭ハンニハ關
東ノ兵ハ畏ルヽニ
足ラズ然レ圧合戰
ノ習ハ互ニ勝チモ
頁ケモスル者ナレ
バ、一旦ノ勝敗ヲバ、
御心ニ懸ケタマフ
ベカラズ唯正成一
人未ダ生キテアリ
ト聞シ召サバ、遂ニ

八十七

二、消エザルコトアリ。是レ皆空氣ガ、水ノ侵入ヲ防グノ確證ナリ。

第二十七課　楠正成ノ忠戰

河內國金剛山ノ西ニ、楠多門兵衞正成トテ、智謀勝レタル名將アリ。主上勅使ヲ遣シテ召シケレバ、正成ハ此ノ上モナキ、武士ノ面目ト喜ビテ、深ク思案スルニモ及バズ、先ヅ忍ビテ笠置山ヘ參ル。主上萬里小路中納言藤房卿ヲ以テ仰セラレケルハ、何ナル謀ヲ回ラシテカ、賊ヲ討チ平ラゲ、世ヲ太平ニ致スベキゾ、ソノ所存ヲ殘サズ申スベシト、勅定アリケレバ、正成畏リテ申シケルハ、北條氏ノ大逆ハ年ヲ積ミ、世ヲ累ネテ、神モ怒リ、人モ怨ムルコトナレバ、是ヲ討チ亡サンニ、何ノ難キコカアルベキ、但シ武勇ノ戰ハンヤストスル時ハ、關東ノ武勇ノ者多ケレバ、日本六十餘州ノ兵ヲ以テ戰フトモ、武藏相

ノ理ナリ是ニ由リ、水上ニ達シタル長管ニ、強力ノ唧筒ヲ連結シ、絶

エズ空氣ヲ鐘内ニ壓入シテ以テ水ノ侵入ヲ防ギ、且潛水者ヲシテ、

其呼吸ニ適スベキ空氣ヲ供給セシムルナリ.

是ニ至リ、汝等ハ空氣ニ存スル性質ノ一斑ヲ知ルコヲ得ベシ即チ

其一ハ、水ノ鐘内ニ侵入セザルハ空氣ガ、一種ノ物質ナルニ由ル.其

二ハ、水ノ空氣ヲ壓縮スルハ空氣ニ受壓ノ性アルニ由ルナリ.汝等、

猶詳ニ是ヲ知ラント欲セバ、更ニ簡單ノ試驗ヲ以テ此性質ヲ示ス

可シ。

今、コツプノ口ヲ倒ニシテ、急ニ水中ニ入ルヽ、トキハ、水其中ニ侵入ス

ルコナシ更ニ小片ノ綿布ヲコツプノ底ニ貼附シテ、再ビ水中ニ沈

ムルモ、其綿布少シモ、濕ハザルナリ.又小サキ泳氣鐘ノ雛形ヲ造リ、

其中ニ蠟燭ヲ立テ是ニ火ヲ點ジテ深キ水瓶中ニ入ルヽモ其火更

所ナリ。

凡ソ、如何ナル物体ニテモ同時ニ同所ヲ占ムルコ能ハザルハ、自然

ノ法則ナリ。故ニ、空氣ノ存スル處ニハ、水是ニ侵入スル能ハズ。今、泳

氣鐘內ニハ空氣ノ存スルニ由テ、水是ニ充滿セザルナリ。然レ𪜈、水

底ニ沈ムニ從ヒ多少、水ノ鐘內ニ侵入スルアリ。其侵入ノ度、如何ト

云フニ、三十四尺ノ處ニ沈メバ、水其鐘ノ半ニ充ッ、猶深ク沈ムニ隨

テ、水次第ニ鐘內ニ侵入スト雖モ、全ク其中ニ充滿スルノ憂ハナキ

者ナリ。斯ク水ノ鐘內ニ入ルハ、果シテ何故ナルゾ。即チ鐘內ノ空氣

ガ、壓縮ヲ受クルノ性ヲ具フレバナリ。凡ソ空氣ハ、壓搾スルニ從テ、

其容量縮小スル者ナリ。故ニ、一瓶ノ空氣モ、是ヲ壓搾スレバ、桃實大

ノ容量ニ縮小スベシ。然レバ則チ、泳氣鐘モ、亦水中ニ沈ムニ從テ、其

空氣水ノ爲ニ壓縮セラレ、潛水者ヲシテ自由ニ勞働セザラシムル

キ鐵材ヲ用フ若シ其鐵材輕ケレバ、深ク水中ニ沈マザルナリ、其底

ハ、洞開シテ内側ニ腰掛アリ其底ノ洞開セルハ、潜水者ヲシテ勞働

ニ便ナラシムルナリ又其鐘ノ上部ニハ厚キ玻璃板ヲ張リ微光ヲ

鐘内ニ通ズベカラシム此外ニ革ニテ製シタル二個ノ長管アリ此

器械水底ニ沈ムモ此管ノミハ高ク水面ニ達スル者トス其一管ハ、

新鮮ノ空氣ヲ入レ他ノ一管ハ不潔ノ空氣ヲ排除スルノ用ニ供ス

ルナリ。

今茲ニ泳氣鐘ヲ使用スト想像ス可シ初メ潜水者其鐘中ニ入リテ

坐ヲ占ムレバ其鐘ヲ繋ギタル强キ鑽ヲ徐々ニ水中ニ垂下ス然ル

ニ潜水者ハ其鐘中ニ在リテ、少シモ足ヲ濕スコトナシ底ノ空虛ナル

鐘ガ、水底ニ沈ムトハ、水中ニ滿チ來ランコトハ必然ナルガ如シサ

ルニ、實際然ヲザル所以ノ者ハ何故ナルゾ是レ汝等ノ思考スベキ

水者ガ、泳氣鐘ニ入リテ種々
ノ物品ヲ水底ヨリ、拾ヒ擧グ
ルト云フコハ、遽ニ聞ケバ殆
ド信ズ可ラザルガ如シ然ル
ニ、潛水者ハ頗ル深キ河海ノ
水底ヲ步行シ、且勞働スルコ
ヲ得ルナリ、

先ヅ其泳氣鐘ノ構造ハ如何
ナル物ゾト云フニ、其大サ鐘
ノ如キ器械ナリ現今ニテハ、
四角形ノ者ヲ用フルコ多シ。
是ヲ製スルニハ、强クシテ重

泳氣鐘

八十二

セザル可ラズ。是レ猶樹木ノ成長スルニ異ナルコトナシ。彼若キ樹木

ハ手ニテ容易ニ引キ抜ク可シト雖モ數年成長シテ、其根、地下ニ蔓

延スルニ及テハ數百人ノ力ニテモ猶是ヲ抜クコ能ハズ。且節儉ノ

習慣ハ、ヒトリ金銀ヲ貯フ可キノミナラズ、其人々ノ品行ヲシテ貴

カラシム可シ。即チ自ラ私欲ヲ制シテ、其全力ヲ職業ニ盡ス如キ是

ナリ。斯ク節儉ハ各人ヲシテ勉勵奮起セシムル者ナレバ、一國ノ人

民皆是ヲ恪守スルニ至ラバ、其國ノ隆盛ナルコ果シテ如何ゾヤ。是

レ吾等ノ見ンコヲ望ム所ナリ。

第二十六課　泳氣鐘

汝等ハ、泳氣鐘ト云ヘル物ニ入リテ、水底ニ沈ミタル事ハナカルベ

シ。然レ圧此器械ノ説明ヲ聞クコハ必ズ汝等ノ好ム所ナラン。今潛

ソレ、金錢ヲ貯蓄スルハ、其增殖スルコト、猶一滴ノ水相集マリテ湖

河トナルニ異ナラズ。故ニ、金錢ノ額ハ、小ナリト云ヒテ、是ヲ浪費ス

可ラズ。務メテ貯蓄シテ、永久ノ計ヲ爲スベシ。是ヲ貯蓄スルニハ、全國、

到ル處ニ、郵便貯金預所アリ。一タビ、是ヲ貯金預所ニ預クルハ、減

ズルコトナクシテ、增スコトアルノミ。例ヘバ、毎月、十錢ヅ、預クルハ、

十年ヲ經レバ、凡ソ金十五圓餘トナルノ可シ。而シテ實際預クル所ハ、

十二圓ナリ。若シ又、毎月二十錢ヅ、預クルハ、十年ヲ經テ、凡ソ金

三十圓餘トナルベシ。而シテ實際預クル所ハ、二十四圓ナリ。此ノ如

ク金錢ハ、漸次ニ增殖スル者ナレバ、幼年ノ時ヨリ、是ヲ浪費セズシ

テ貯蓄スベシ。然ルトキハ、成長ノ後、一ノ職業ヲ營ムノ資本ヲ作リ得

ベキコ、敢テ難キニアラズ。

蓋節儉ハ、善良ノ習慣ニシテ、是ヲ固クセンニハ、幼年ノ時ヨリ養成

ノ節儉ト云ヘル意義ハ單ニ金錢ヲ浪費セザルコヲ言フ者ノ如シ、

何故ニ、人ハ金錢ヲ浪費ス可ラザルカト云フニ別ニ其理ヲ解說ス
ルニ及バザル可シ、蓋金錢ヲ所持スレバ衣、食、住其他ノ必要品ヲ得
ヲル、ハ當然ナレ圧尚其上ニモ是ヲ貯蓄シテ不時ノ用ニ備ヘタ
ヲンニハ、如何即チ一朝職業ヲ失フコアルモ、一家眷屬決シテ餓死
スルノ憂ナカル可シ、而シテ他ノ職業ニ就クニモ自ヲ己ノ成シ得
ベシト信ズル者ヲ選ブ可キノ餘裕アリ果シテ各人皆己ノ成シ得
ベシト信ズル職業ヲ執ルヒハ其成效ヲ見ルベキコ必然ナリ。然ル
ニ、平生意ヲ貯蓄ニ用ヒザル人ニシテ俄ニ職業ヲ失フヒハ、其人ノ
狠狽果シテ如何ゾヤ斯ル時ニハ渴スル者ノ飲ヲ擇バザルガ如ク、
適當ノ職業ヲ選ブノ遑ナクシテ往々、失敗スルコ吾等ノ常ニ見聞
スル所ナリ。

走ラントシテ、淵邊義博ヲ遣シ、是ヲ弑セシム親王、方ニ經ヲ誦セシ

ガ、義博其膝ヲ切リテ是ヲ倒シ胸ニ跨リテ咙ヲ刺ス親王、因テ頸ヲ

縮メテ鋒ヲ嚙ミシニ鋒、爲ニ折レタリ。義博更ニ刀ヲ拔キテ是ヲ

弑ス。年二十八ナリ。義博其首ヲ掲ヘテ直義ニ示サントセシガ、猶眠

セズシテ鋒ヲ合ムヲ見テ、遂ニ棄テ去レリ。今鎌倉ノ二階堂谷ニ祀

レル鎌倉宮ハ即チ此土窖ノ遺跡ナリ。

經函レタル筐。經文ヲ入

山寇 山中ニ住ミテ居ハ盗賊ノ類

第二十五課 節儉

一錢ダモ浪費セザレバ、一圓ハ招カズシテ來ルトハ、人ノ常ニ言フ

所ナリ。其意ヲ尋ヌルニ、小ヲ輕ゼザレバ、大自ラ全カル可シトノ義

ナラン。此小ヲ輕ゼザル行ヲ吾等ハ節儉ト稱スルナリ。然レ氏世人

源義経ヲ遣ハシテ其ノ父義朝ヲ士牢中ニ縊ス

ノ寵姫藤原氏ニ結ビテ共
ニ親王ノ反逆アルコヲ誣
告セリ天皇大ニ震怒シテ、
遂ニ親王ヲ執ヘテ、是ヲ宮
中ニ幽閉セリ親王憤怨ニ
堪ヘズ知ル所ノ宮人ニ由
テ書ヲ上リシニ敢テ是ヲ
奏達スル者ナシ・
其後足利直義ニ命シテ親
王ヲ錄倉ニ徙シテ幽閉セ
リ巳ニシテ北條ノ餘黨錄
倉ヲ襲フニ及ビ直義將ニ

七十七

ルコヲ得ズ、更ニ逃レテ吉野ニ入リタリ。是ニ於テ、寺ニ據リテ城ヲ爲シ、以テ賊軍ヲ拒ギシニ、賊、大舉シテ來リ攻メ、苦戰七晝夜ニシテ、城遂ニ陷ル。時ニ、從士村上彥四郎義光ト云フ者、親王ノ袍鎧ヲ着ケテ城樓ニ登リ、呼ビテ云ヘルヤウ、今上ノ第三ノ子護良逆臣ノ爲ニ亡サレテ、只今自殺スルナリト。乃チ鎧ヲ脱ギテ腹ヲ割キ、更ニ刃ヲ口ニ貫キテ伏シテ死ス。親王ハ、是ガ爲ニ間ヲ得テ遂ニ高野山ニ逃レタリ。

巳ニシテ、新田義貞親王ノ令旨ヲ得テ義兵ヲ起シ、遂ニ北條氏ヲ討滅シテ、其威關東ニ振フ。天皇モ亦是ニ至リテ、京師ニ歸レリ。時ニ、足利尊氏ハ官祿共ニ新田氏ノ上ニ出デタリシガ、親王ト義貞トノ功ヲ忌ミ、陰ニ是ヲ害セントコヲ謀レリ。親王モ亦尊氏ノ異志アルコヲ察シテ、是ヲ誅セントコヲ請ヒシカド、許サレズ、尊氏益、是ヲ惡ミ、天皇

皇太子ト爲サントシ給ヒシガ、北條高時ノ爲ニ、是ヲ果スコ能ハズ。

親王因テ髮ヲ剃リテ僧トナリ、山門ノ座主ニ補セラレテ、大塔ニ住メリ、世ノ人因テ是ヲ大塔宮ト稱セリ。

天皇大ニ北條氏ノ專橫ヲ惡ミ親王ト共ニ密ニ是ヲ滅サンコヲ謀レリ、已ニシテ其謀泄レ東兵來リテ、天皇ヲ執フト聞キ遽ニ笠置山ニ逃ルヽ是ニ於テ、楠正成ハ城ヲ赤坂ニ築キテ、賊兵ヲ防ギ親王モ亦、自ヲ東兵ヲ迎ヘ擊チテ、是ヲ破リシガ、遂ニ敗レテ南都ノ般若寺ニ匿ル笠置陷ルニ及ビ賊兵又寺ヲ圍ミテ親王ヲ索メシカバ親王、自ヲ經函中ニ匿レテ纔ニ脫スルコヲ得タリ。

親王更ニ從士九人ト共ニ形ヲ變ヘテ修驗者ト爲リ、十津川ニ走リテ、其地ノ豪族戶野兵衞ト云フ者ニ依リ、遂ニ髮ヲ蓄ヘテ名ヲ護良ト改ム賊軍是ヲ聞キテ其頭ヲ千金ニ購ヒシカバ親王亦此ニ留マ

七十五

搔キ取リ腰ニ帶ビタル筒中ニ收ムルナリ。其傷ノ附ケ方ハ、一株ノ
樹ニ傷痕ヲ附シ終ハレバ、次ニ他ノ樹ニ及ビ順次是ヲ傷ケテ漆液
ヲ取リ、其日ヨリ四日ヲ經テ、更ニ舊痕ノ上ニ傷クル「總テ前法ノ
如クスルナリ。

漆ノ品類ハ頗ル多シト雖モ、皆是ヲ漆器ノ料ト爲スナリ。其塗方ハ、
種々アリテ、一々是ヲ數ヘ盡シ難シ。其貴キ者ニハ、蒔繪靑貝入等ア
リ。又民間ニ殊ニ多ク用フル者ニハ、南部塗、會津塗、津輕塗、輪島塗、春慶
塗、能代塗等アリ。其他漆ヲ以テ門廡ヲ塗リ、社殿ヲ塗リ、橋ヲ塗リ、車
ヲ塗ル等其需用ハ歲月ヲ逐ヒテ、益盛大トナルニ至レリ。

第二十四課　大塔宮

大塔宮ハ後醍醐天皇ノ第三子ナリ。天皇、殊ニ其頴敏ナルヲ愛シテ、

七十四

リ、葉ハ複葉ニシテ、一柄ヨリ七葉若シクハ、九葉ヲ排出ス。花ハ夏ニ

開キ、其色黃白色ヲ帶ビテ、雌雄各其株ヲ異ニセリ。實ハ、秋ニ熟シ、其

形、扁圓ニシテ黃褐色ナリ。漆ヲ盛ニ採收スル地方ニテハ、下種ノ後、

四五年ヨリ、七八年迄ノ間ニ漆ヲ取リ、其後是ヲ伐採スルニ由テ、大

樹ヲ見ルコトナシ。又其實ヲ搾リテ、蠟ヲ製スル處アリ。是等ノ地方ニ

生ズル樹ハ、拱大ノ者多シ。但シ漆ヲ取ル者ハ、實ヲ取ラズ、實ヲ取ル

者ハ、漆ヲ取ラザルコトヽ知ルベシ。

漆ハ、漆樹、ヤマウルシ等ノ樹皮ヲ傷ケテ取リタル津液ニシテ、夏ノ

土用ヨリ、秋分迄ノ間ニ取リタル物ヲ、最モ良品ト爲ス。大和、越前、及

東北諸國ヨリ出ヅル物、殊ニ有名ナリ。是ヲ採收スル法ハ、先ヅ搔鎌

ト云ヘル器ニテ、橫ニ樹皮ヲ傷ケ、又搔鎌ノ背面ナル尖頭ニテ更ニ

其中央ニ傷クルトキハ、其傷口ヨリ白液滲出スベシ。是ヲ鐵ノ箆ニテ

タル物ナキニアラザレ圧往々、古製ニ及バズシテ、稍其聲價ヲ損スルガ如シ。

漆樹ハ、山地若シクハ、路傍等ニ栽植スルヲ常トス。其性濕地ヲ好ミ、最モ能ク寒地ニ適セリ。其幹直上シテ、高サ一二丈、周圍尺餘ナルヲ常トス。外皮ハ、灰白ニシテ、粗糙ナ

漆ノ實

是レ各人衞生法ヲ知ラザルガ爲ニ、不潔ノ空氣ヨリ發生スル各種
ノ傳染病ハ、殊ニ其勢力ヲ逞シクセシニ由ルナリ。彼人民稠密ノ場
所ハ、不潔ノ水ヲ飲用シ、不潔ノ空氣ヲ呼吸スルニ由リ、常ニ惡疫ノ
巢窟トナルハ、明白ナル例ナラズヤ。故ニ、通氣ノ良否ハ、人壽ノ長短
ト幸福ノ多少トヲ生ズル源泉ナルヲ、敢テ疑フベキニアラズ。

第二十三課　漆ノ話

漆ハ、日本支那ノ產物ニシテ、殊ニ日本產ハ、最モ上品ナリトス。且漆
器ハ、古來吾國ノ名產ニテ、外國人ノ、大ニ稱贊スル所ナリ。今ハ吾國、
到ル處ニ漆器ヲ製シテ、或ハ其地ノ用ニ供シ、或ハ外國ニ輸出スル
コヲ謀ラザルハナシ。故ニ、諸國ニテ製出スルノ多キ、是ヲ昔日ニ比
スレバ、其數幾倍ナルヲ知ラズ。而シテ其製出スル所ハ、精巧ヲ極メ

七十一

キニ似タレモ、從來我邦人ハ、少シモ、意ヲ通氣法ニ用フル者ナシ、是

レ家屋ノ建築粗糙ナル中ハ、害ヲ見ルコ少シト雖モ、漸次、堅牢ノ家

ヲ建ツルニ從テ特ニ是ニ注意セザル可ヲズ。

然ルニ、古代ノ人ハ、是等ノ事ニ注意セザリシモ、其身体強健ニシテ、

壯ニシテ多クハ、健康ナリト云ヘル語ト、其意異ナル所ナシ、然ルニ、

長壽ノ人多カリシハ、如何ト問フ者アラン。是レ猶野蠻人ハ活潑強

野蠻時代ニ在リテハ、其種族中強壯ノ者ノミ生存シ、其過半ハ教養

ノ嚴酷ナルガ爲ニ、滅絶セシヤ明ケシ。故ニ、野蠻人ハ、其數増加セズ

シテ、却テ減少スルノ實アリ。是レ吾等ノ先人ハ急遽ニ其數ヲ增サ

ズシテ、數百年間ニ、漸次其數ヲ增シ、所以ナリ。

今ヨリ數十年前ニ在リテモ、社會ノ情態ト各人ノ健康トヲ察スル

ニ疾病死亡ノ數ハ、是ヲ今日ニ比スレバ著シキ多數ナリシナラン。

滿スルコヲ知ルナラン、然ヲバ則チ、通氣ノ第一法ハ、炭酸瓦斯ノ、猶

温煖ニシテ輕浮ナルニ際シテ是ヲ室內ヨリ排除スルニアリ、若シ

然ヲズシテ炭酸瓦斯温煖ヲ失ヒテ收縮スルトハ、其量重クナリ、降

リテ床上ニ充滿スルニ至ルベシ、彼古井戶等ニハ炭酸瓦斯常ニ充

滿シテ是ニ降ル人ハ、忽チ窒息シテ死スル如キハ即チ其一例ナリ.」

斯ル理由ナレバ、吾等ノ家屋ニハ此不潔ノ空氣ヲ排除シテ新鮮ノ

空氣ヲ導入スルノ備ナカルベカヲズ、洋風ノ家屋ニ在リテハ、其窓

ノ上部ヲ開キテ不潔ノ空氣ヲ排除シ、其下部ヲ開キテ新鮮ノ空氣

ヲ導入スベキハ、多人數相會スル時ニ於テ闕クベカヲザル必要件

トス、又日本風ノ家屋ニハ、是等ノ便利ナシト雖モ、欄間ニ小窓アル

家ニテハ、常ニ是ヲ開クコヲ要ス、蓋日本風ノ家屋ハ、其建築粗糙ナ

ルニ由リ、是ヲ密閉セル洋風ノ家屋ニ比スレバ、通氣ノ便、大ニ宜シ

第二十二課　通氣

通氣トハ、如何ナルコトナリヤ、即チ新鮮ノ空氣ヲ導入シテ、腐敗セル

空氣ヲ排除スルノ義ナリ。是ヲ爲ス如何トフニ、先ヅ瓦斯ノ性質

ヲ知ラントフヲ要ス。凡ソ瓦斯ハ溫煖トナルニ從テ膨脹シ、其重量甚

ダ輕クナルナリ。然ルニ、其瓦斯寒冷トナルニ從テ收縮シ、其重量甚

ダ重クナルハ、自然ノ法則ナリトス。

人ノ口中ヨリ、呼出スル炭酸瓦斯ハ、通常ノ空氣ヨリ、溫煖ニシテ且

輕シ。故ニ、通氣ノ宜シカラザル室内ニハ、腐敗セル空氣、其天井下ニ

充滿スルハ必然ナリ。若シ汝等、自ラ是ヲ知ラント欲セバ梯子ヲ建

テ、其處ニ登ルカ、或ハ演戲塲ノ高塲等ニアルトキハ、必ズ其氣ノ充

六十八

ド半分ニ過ギズ。故ニ、其運轉ノ速力モ亦半分ナラザルヲ得ズ斯ク、

地球ノ各部ニ於テ運轉ノ遲速アルニ由リ、是ヲ圍繞スル空氣モ亦

其各部ニ均シキ速力ヲ受ケ得ルヤ必トリ例ヘバ熱帶ヨリ北極ニ

向ヒテ吹キ行ク風ハ、一時間ニ一千餘哩ノ速力ヲ以テ進行ス可シ。

而シテ漸次北方ニ進ムニ從テ地球運轉ノ速力ハ、愈遲クシテ、風ノ

進行是ニ比スレバ益速キニ由リ、地球ノ東轉ト相反シテ、南西ノ風ノ

トナルナリ。然ルニ北極ヨリ熱帶ニ吹キ來ル風ハ、全ク是ト反對ノ

作用ニテ北東ノ風トナルコ前理ニ由テ推考ス可シ。

熱帶ヨリ兩極ニ吹キ行ク所ノ風ハ、進行ノ際ニ漸次水分ヲ失ヒ、南

北二極ニ近ヅクニ及テハ極テ寒冷ノ風トナルナリ。然ルニ、兩極ヨ

リ吹キ來ル風ハ、初ハ極テ寒冷ナレ㕝、其進行スルニ從テ漸次温熱

ヲ取リ、水分ヲ吸收スルノ量、殊ニ多シト爲ス。是レ此二種ノ反對風

六十七

地方ヨリ來ル風ハ、北風ナラザル可ヲズ又熱帶ヨリ南極ニ向ヒテ

吹ク風ハ北風ニシテ北極ニ向ヒテ吹ク風ハ南風ナラザル可ヲズ。

然ルニ實際ニアリテハ北極地方ヨリ來ル風ハ、北東ノ風トナリ、南

極地方ヨリ來ル風ハ、南東ノ風トナルナリ又熱帶ヨリ吹キ行ク風

ハ、南半球ニテハ北西ノ風トナリ北半球ニテハ、南西ノ風トナルナ

リ是レ果シテ何ニ由リテ起ルゾ即チ地球ノ自轉スルニ由テ然ル

ノミ。

地球ノ自轉ヨリシテ斯ク風ノ方向ヲ變ズル所以ハ地球儀ヲ用フ

レバ、自ヲ明瞭ナル可シ。今地球ハ二十四時間ニ一回轉スル者ナレ

バ、其各部ノ運動固ヨリ遲速ナカル可ヲズ而シテ赤道ノ周圍ハ、最

モ大ナルニ由リ、一時間ニ一千餘哩ヲ運轉セザルベカラズ然ルニ、

露西亞ノ首府聖彼得堡ノ邊ニテハ、是ヲ赤道ニ比スルニ其周圍殆

第二十一課　風ノ原因　二

海陸風ノ起ル處ハ、其區域、小ナリト雖モ、地球上ニハ、其區域極テ大ナル空氣ノ運動アリ。是等ノ運動ハ、如何ナル者ナルゾト云フニ、是レ亦海陸風ノ如キ空氣ノ定時ノ運動ニ外ナラズ。

今、ソレ、熱帶地方ハ、四時、熱ヲ受クルノ量殊ニ多キニ由リ、其地方ノ空氣ハ、常ニ膨脹シテ上際ニ昇騰ス。而シテ、兩極地方ノ寒冷ナル空氣ハ、常ニ熱帶ニ向ヒテ吹キ來リ、是ト交代ス。是レ即チ世人ノ謂ユル貿易風ト云フ者ナリ。又、其昇騰セシ空氣ハ、貿易風ト反對ノ方向ヲ取リ、兩極ニ向ヒテ進行シ、漸次ニ寒冷トナリテ、遂ニ地面ニ達スベシ。

若シ、此地球、自轉セザレバ、南極地方ヨリ來ル風ハ、南風ニシテ、北極

空氣ノ運動ハ、是等ノ室内ニノミ止マラズ、海陸相隣リタル地方ニ

住ム人ハ、常ニ定時ノ風アルコヲ知ルナランゾレ畫間ハ、陸上ノ部

分、溫熱ヲ受クルコ多キガ故ニ、是ニ觸接スル空氣ハ、膨脹シテ上騰

シ、其上騰スルニ當リテ地上ノ溫熱ト濕氣トヲ取リ去ル可シ、然ル

ﾄハ、寒冷ノ空氣海面ヨリ吹キ來リテ、是ト変代スルナリ、是ヲ海風

ト云フ、夜間ハ、是ニ反シ、海面ハ陸地ニ比スルニ、猶溫暖ナルガ故ニ、

是ニ接スル空氣ハ膨脹シテ、常ニ上騰スベシ因テ陸地ノ空氣直ニ

來リテ、是ト交代スルナリ、是ヲ陸風ト云フ斯ク、海陸風ハ晝夜ニ由

テ其方向ヲ変ズト雖モ、猶是レ一種ノ定時風ナリ、而シテ吾等ガ海

陸風ト稱スルハ空氣ノ下部ニ起ル運動ノミニ就キテ言フト雖モ、

下部ニ運動ヲ生ズレバ、上際ニハ、必ズ是ニ反對スル運動アルコハ、

已ニ前ニ指示セルガ如シ。

林湖邊海岸等ニ、常ニ微風ノ起ルハ稀薄ナル空氣ト濃厚ナル空氣トノ轉換スルガ爲ニ運動ヲ生ズルニ由ルナリ。故ニ、風ノ起ルヤ、必ズ空氣ノ上層ト下層トニ反對ノ運動ヲ生ズルコト當然ナリ。今是ヲ證明センニハ、左ノ一法アリ。

此證明ヲ爲スニハ、家屋中相隣リタル二室ヲ選ビテ是ガ試驗場ニ充ツ可シ。先ヅ、其一室ヲ寒冷ニシ、他ノ一室ヲ温暖ナラシメ、而シテ二室ノ相隣リタル壁ニ、三箇ノ孔ヲ穿チ、其孔ノ位置ヲ上、中、下ノ三段ト爲シ、其孔ノ前ニ各一個ノ蠟燭ヲ立テ、是ニ火ヲ點ズベシ。然ルトキハ、下部ノ燭火ハ寒室ヨリ暖室ニ向ヒ、上部ノ燭火ハ暖室ヨリ寒室ニ向ヒ、中部ノ燭火ハ其方向一定シテ更ニ動クコトナシ。是ニ由テ、寒暖二室ノ間ニハ、常ニ其上際ト下部トニ反對セル空氣ノ運動アルコヲ知ルベシ。

輕キ處ニ向ヒテ流動スルナリ。而シテ其流動ヲ起スニ、殊ニ力アル

者ハ、空氣ノ寒暖相同ジカラザルニアリ。

抑モ、日光ノ放射スルニ當リ、土地ノ溫熱ヲ受クルヤ、各處同一ナラ

ズ、其位置ニ由テ、熱ヲ受クルノ差遣、殊ニ甚シ。且又土地ニ注射スル

熱量ハ相同ジトスルモ、地上ニ存スル物質ガ、熱ヲ吸收スルノ度ハ、

各相均シカラズ例ヘバ、日中ニアリテ樹陰、家屋、森林、水邊ノ溫度ハ、

是ヲ乾燥ノ土地岩石屋上平野等ノ溫度ニ比スルニ、殊ニ低度ナル

ヲ常トスルガ如キ即チ是ナリ。

土地ガ溫熱ヲ取ルコ、各處相同ジカラザルニ由リ溫熱ヲ取ルコ、殊

ニ速ニシテ、殊ニ多キ土地ノ空氣ハ、忽チ膨脹シテ昇騰スベシ然ル

ガハ、大氣中ニ稀薄ノ部ヲ生ズルニ由リ、寒冷ノ地方ヨリ寒キ空氣

來リテ是ヲ填充スルコ必セリ。是レ即チ空氣ノ運動ナリ。彼樹陰森

六十二

第十九課　蒙古來

筑海颶氣連天黑、薇海而來者何賊蒙古來、自北東西次第期呑食。
嚇得趙家老寡婦、持此擬男兒國相摸太郎膽如甕防海將士人各
力蒙古來吾不怖吾怖關東令如山直前斫賊不許倒吾檣登虜艦。
擒虜將吾軍嘁可恨東風一颭附大濤不使羶血盡膏日本刀。

趙家　趙匡胤ト云フ人支那ノ天下ヲ一統シテ國ヲ宋ト云フ此詩ニテ趙家云々ト云フハ宋朝ヲ亡シタル審ヲ謂ヲ慮グタルナリ。

相摸太郎　北條時宗ヲ云フ。

第二十課　風ノ原因　一

風トハ空氣ノ流動スルコニテ、猶水ノ河海ニ流動スルニ異ナラズ。
水ハ高キヨリ低キニ向ヒテ流動スト雖モ、空氣ハ其量重キ處ヨリ

ノ賊ノ首ヲ斬リ、賊ノ將一人ヲ擒ニセリ。賊ハ、カヽル有様ニヤ辟易

シケン終ニ岸ニハ、エ上ヲ不シテ遙ノ沖ナル鷹島ニ漕ギ寄セケリ。

然ルニ、七月晦日ノ夜半ヨリ、西北ノ風粉シク吹キニケレバ賊船ハ、

悉ク漂ヒテ海上ハ死人多ク打チ重ナリ、俄ニ屍骸ノ島ヲ成シケリ。

サレモ、サスガニ鷹島ニ打チ揚ゲラレテ殘レル兵モアリシカバ、破

船ドモ繕ヒテ逃ゲ歸ラントセシ處ヲ、少貳景資等押シ寄セテ散々

ニ撃チ破リシカバ殘リ少ナニ打タレニケリ。其中ニハ、降ヲ乞フ者

モ、千餘人アリシカドソレヲモ斬リテ棄テニケリ。此時元ノ兵ハ十

萬ナリシガ僅ニ三人ノミ生キテ還リ、高麗ノ兵ハ一萬ナリシガ殺

サレシ者七千餘人ナリト云フ。

此戰ヨリ五百五十年程過ギテ、安藝ノ賴山陽蒙古來ノ詩ヲ作リテ、

日本樂府ニ載セタリ。ソハ此時ノサマヲ、イト能ク述ベタル者ナリ。

敗船海上ニ漂フ

取リケリ、其後ハ賊モ嚴シ
ク用心シテ船ヲ鎖リ合ハ
セ近ヅク者ヲ目ガケテ石
弓ヲ下シケレバ船ノアタ
リヘ寄スル者モナカリシ
ニ、河野通有ハ例ノ石弓
寄セタリ賊ハテ押シ
下シケレバ、左ノ肩ヲ强ク
打タレニケリサレバ弓ヲ
引クコモ叶ハネバ、片手ニ
テ帆柱ヲ折リテ賊ノ船ヘ
サシ亘シテ乘リ移リ多ク

五十九

コ、ヲ先途ト戰ヒケレド、手負討死數多ク逃支度ノミシタリケル

ヲ少貳景資踏ミ止マリテ弓ヲ引キ、賊ノ將劉復亨ヲ射殺シツ、此時、

大風雨ニテ、賊ノ船多ク漂沒シケレバ、蒙古ハ終ニ遁ゲ去レリ。

此後蒙古國號ヲ改メテ元ト曰フ建治元年ニ元ニテハ必ズ我返簡

ヲ得ンガ爲ニ又杜世忠何文著等ヲ長門ニ遣シ、ガ時宗ハ是ヲ鎌倉

ニ召シ下シテ、籠口ニテ首ヲ刎ネタリ。弘安二年、元ノ使周福等、復太

宰府ニ至リシカバ、是モ博多ニテ首ヲ刎ヌ。

元ニテハ、我ガ、再ビマデ使者ヲ誅セシヲ深ク憤レルニ、マシテ今ハ、

宋ヲモ滅シテ國威モ益熾ナルニ由リ、同四年七月ニ支那蒙古高麗

ノ國々ノ兵ヲ數千艘ノ船ニ載セテ、我邦ニ向ハセタリ其兵ドモハ、

タヤスク壹岐ヲ打取リテケレバ、能古志賀ノ二島ニ舟ヲ着ケタリ、

爰ニ草野二郎ハ、夜打ニ寄セテ、賊ノ船ニ乘リ移リ、二十餘人ノ首ヲ

昌ニナリ、忽必烈ノ時ニナリテハ、彌〻益〻強大トナリケレバ宋モ其州

郡ヲ多ク撃チ取ラレ、隣國モ皆服從セシニ、我邦ノミハ使ヲダニ遣

ハサヽリシカバ、今ヲ距ルコ六百有餘年前、文永五年ニ至リ、蒙古ヨ

リ高麗人ヲ案内者トシテ、書面ヲ我邦ニ贈リテ日ク貢物ヲ捧ゲズ

パ兵ヲ向クベシト朝廷ニテハ評議サマザマニテ返簡ヲ遣ハサン

トシ給ヒシカド北條時宗其頃關東ノ執權ナリシガ、書面ノ文無禮

ナリトテ、終ニ返狀ニ及バズ。是ヨリ後蒙古ノ使度々來リシカド都

テ太宰府ヨリ追ヒ還シヌ。

同十一年十月、蒙古ノ兵三萬人バカリ、對馬ニ亂入ス。守護代宗助國、

防ギ戰ヒケレド叶ハズシテ終ニ打レヌ。蒙古ハ、ソレヨリ、又船ヲ壹

岐ニ押シ寄セテ戰フ程ニ、守護代平景隆モ討死ス。蒙古、今ハ二島ヲ

取リタレバ、又肥前ノ松浦筑前ノ博多ナドヘ亂入セリ。我邦ノ兵ハ、

五十七

ベク、或ハ豆腐類ノ中ニ混入スルヲ得ベシ。

アブラナハ通常ナタネト稱シ秋種ヲ下シテ、翌年、五、六月ニ成熟ス

ル者ナリ。花ハ黄色ニシテ、其瓣、十字形ヲ爲ス英ハ細長ニシテ、其中

ニ數多ノ小種子ヲ藏セリ。其小種子ヲ搾リテ油ト爲スハ胡麻ノ油

ノ製法ニ異ナラズ從來用ヒ來レル燈油ハ多クハ此油ナリ。又此油

ハ、ビンツケ、膏藥等ヲ製スルニ用フベク其油滓ハ肥料ニ用フレバ、

最良ナル者ナリ。

糕料菓子ノ類ナリ。

第十八課　蒙古來寇

蒙古ハ支那ノ北方ニ在リ鐵木眞ノ時ニ至リ諸國ヲ擊チ滅シテ始

テ帝ト稱セシガ、窩濶台ノ時ニハ又宋ト約定シテ金ヲ滅シ、其勢、愈

ヲンフヲ要ス。胡麻ハ莖ノ高サ二三尺ニシテ、短毛アリ。其葉ハ、狹長

ニシテ、緣ハ波狀ヲ爲ス。花ハ、葉腋ニ咲ク者ニテ、其形筒形ナリ。筒形

ノ末端ハ、五裂シ、白色ニテ淡紫色ヲ帶ブ。花落ツレバ凹角若シクハ、

六角ノ蒴ヲ結ビ、其內ニ種子ヲ藏ス。種子ニハ、白色黑色茶褐色ノ三

種アリ。白色ノ種子ヲ、シロゴマト云ヒ、黑色ノ種子ヲ、クロゴマト云

ヒ、茶褐色ノ種子ヲ、アブラゴマト云フ。大抵、六月ニ種ヲ下シテ、九月

ニ收穫スルヲ常トス。

胡麻ノ油ヲ製スルニハ、其種子ヲ熬リ、是ヲ舂キテ粉末ト爲シ、更ニ

蒸籠ニ移シテ、是ヲ蒸スナリ。然ル後ニ綾油器械ニテ壓搾シ、以テ其

油質ヲ搾取ス。是レ其製法ノ大略ナリ。此油ハ多クハ、食料ニ供ヘ或

ハ藥用ト爲シ、或ハ、スキアブラニ用フルナリ。又油ニ搾取セザル種

子ハ、是ヲ調味ニ用フレバ芳香アリテ其味美ナリ。或ハ糕料ニ供フ

五十五

油ハ、動、植、鑛ノ三類ヨリ製スル者ナリ。動物ヨリ製造スル者ハ、鯨油、

魚油、肝油等ナリ。植物ヨリ製造スル者ハ、アブラナ、胡麻、荏、椿、櫃、胡桃、

アブラギリ、オリヴ（Olive）等ノ諸油ニシテ、其類甚ダ多シ又鑛物ヨリ

製造スル者ハ、石炭油ニシテ、モト是レ天然ニ生ズル石腦油ヲ精製

シタル者ナリ。

油ノ種類此ノ如ク多クシテ或ハ是ヲ食料ニ供フルモアリ、或ハ是

ヲ燈油ニ用フルモアリ、或ハ藥用及諸種ノ製造ニ用フルモアリ又

一種ニシテ、是等ノ諸用ヲ兼ヌル者ナキニアラズ、又一種ノ用ニ供

スルニ過ギザル者アリ要スルニ、是等ハ、日常ニ使用スル者ナレバ、

製法ノ如キモ、其一斑ニ通曉センコ要用ナリ因テ今胡麻ノ油トア

プラナトノ二種ニ就キテ、是ヲ解說ス可シ。

胡麻ノ油ハ胡麻ノ種子ヨリ製スル者ナレバ、先ヅ胡麻ノ形狀ヲ知

其他海陸軍ノ病院、孤児院、小學校、戲場等、其數枚舉スルニ遑所アリ。

アラズ又府内ニ、支那人ノ住居スル市街アリ。其家屋ハ支那風ニテ

建築セリ。街中ニ阿片烟館、賭場、戲場、祠堂等アリ。支那ノ商人中ニハ、

頗ル資產ニ富ミテ、商權ヲ掌握スル者少シトセズ。

抑モ此港ハ、カリホルニヤ全州ノ咽喉ニシテ米國西端ノ要地ナリ。

蒸氣船ハ、南海諸港ノ間ニ定期ノ航海ヲ爲シ、又太平洋飛脚船ハ、吾

國及支那ノ間ニ往來セリ。凡テ太平洋ニ瀕スル諸國ト北米合眾國

トノ間ニ出入スル旅客貨物ハ、多クハ此港ニ由ラザル可ラズ、是レ

恰モ東西ノ旅客出入シ、百貨、吐納スルノ門ニシテ、特ニ吾國ト亞米

利加トノ貿易ニ關シテハ、最モ大切ナル一港ト謂フベシ。

第十七課　油ノ種類

五十三

シ、十數年前ニハ巳ニ二十五萬ニ近キ人口トナレリ。

此都府ニハ廣濶ニシテ條直ナル街路數十條アリ、フロント(Front)、

バッテリー(Battery)、サンソム(Sansom)ノ三街ハ巨大ナル商館甍ヲ連ネ

テ建チ並ピ、カリホルニヤ街ニハ桑方西斯哥ノ金融ヲ左右スル各

銀行アリ。又キールニー(Kearney)、モントゴメリー(Montgomery)、ブッシ

(Bush)、パイン(Pine)等ノ諸街ハ共ニ商業繁盛ノ場所ナリ。ヴァンネッス

(Van Ness)ノ大街ニハ富豪ノ族、宏壯ナル邸宅ヲ構ヘテ住居セリ。

州廳ハ其構造、極テ美麗ニシテ、是ヲ建築スルニハ、大凡四百萬弗ノ

巨額ヲ費シタリ。又合衆國新造幣支局ハ其建築費百五十萬弗ナリ。

又税關商法講習所、カリホルニヤ銀行ハ亦宏大美麗ノ建築ナリ。パ

レース、ホテル(Palace Hotel)ハ世界中ニ稀ナル旅館ニシテ、旅客千二

百人ヲ容ルヽニ足レリ。寺院ハ多クハ舊教派ニ屬シ、其數二十三箇

通ノ者ニアラズ。ヒトリ水銀トアルコールトノ寒暖計ハ、最モ世人ノ、能ク知ル所ノ者ナリ。

第十六課　桑方西斯哥

桑方西斯哥(San Francisco)ハ、北亞米利加、合衆國ノ、カリホルニヤ州(California)ノ貿易都府ニシテ、合衆國第十ノ都會ナリ。此都府ハ、桑方西斯哥港ノ南西ニアル地峽ノ北端ヲ占メ背後ニ一岡阜ヲ負ヒテ太平洋ト桑方西斯哥港ノ水トヲ離隔セリ。

此都府ノ繁盛ヲ來タシタルノ其迅速ナルハ、他ニ比類ヲ見ズ。今ヨリ、數十年前ハ頗ル陰陋ナル村落ニテ、其名ヲセルバブューナ(Serba Buena)ト云ヘリ。其頃ハ居民僅ニ五百人ニシテ、毛皮獸脂等ヲ賣買スルヲ業トセリ。然ルニ、金鑛發見ノ後東部諸州ノ人民相續ギテ移住

リト認メタレバナリ。

氷ノ溶解スル點ト水ノ正シク氷凍スル點トハ同一ナルガ故ニ、通

例是ヲ溶解點ト云ヘズシテ、氷點ト云フナリ。華氏ノ法ニ依リ此氷

點即チ三十二度ニ百八十度ヲ加フレバ二百十二度トナル、是ヲ水

ノ沸騰點ト爲ス。且寒カラズ暑カラザル通温ヲ五十五度トシ、夏日

ノ熱ヲ七十六度トシ、人間ノ血温ヲ九十八度トス。今誰ニテモ腋

ノ下ニ寒暖計ノ球ヲ置クトキハ、春夏秋冬ノ別ナク其水銀常ニ必ズ

九十八度ノ點ニ上ルナリ。

寒暖計ノ細管ニ充タスニハ、多クハ水銀ヲ用フ。然レヒ、中ニハ、アル

コール (Alcohol) ヲ用ヒタル者モアリ。是レアルコールハ、今日マデ猶

氷凍セシムル「能ハザル液体ナレバ、非常ノ寒冷ヲ計ルニハ甚ダ

必要ナレバナリ。其他團体寒暖計瓦斯寒暖計アリト雖モ、固ヨリ普

リ、セルシュース氏(Celsius)ハ是ヲ百二等分シ、レウムル氏(Reaunur)ハ是ヲ八十二等分セリ。然ルニ、今ヨリ百五十年前ニ、フアレンハイト(Fahrenheit)ト云ヘル日耳曼人出デ、是ヲ百八十二等分セシガ、英國ニテハ、今猶此法ヲ用フ華氏寒暖計即チ是ナリ斯ク二定點ノ間ヲ分劃スル度數ハ各相同ジカラザレ圧、其一點ハ氷ノ溶解スル度ニシテ他ノ一點ハ水ノ沸騰スル度ナルコトハ、毫モ異ナル所ナシ而シテ攝氏ト列氏トノ寒暖計ハ零度ヲ以テ氷ノ溶解點ト定ムト雖モ、華氏ノ寒暖計ハ三十二度ヲ以テ氷ノ溶解點ト定メタリ。是レ當時、理學ノ未ダ明ナラザリシヨリ華氏ハ其零度ヲ以テ、最低ノ温度ナ

華氏寒暖計

四十九

寒暖計ハ、其一端ニ球ヲ具ヘタル玻璃ノ細小管ニシテ、是ニ液体ヲ

充タス者ナリ。其液体ハ多クハ、水銀ヲ用フ。是レ水銀ハ、温度ノ變化

ニ感ズルコ、正シクシテ、尋常ノ寒暖ヲ計ルニ殊ニ適スレバナリ。斯

ク、寒暖計ヲ製シタル後ニ、水銀ノ昇降ニ由テ、彼物ト此物トノ寒暖

ノ差ヲ明示センニハ、是ヲ分割セザルベカラズ。此分割ヲ階級ト云

フ。其階級ハ、直ニ玻璃ノ面ニ刻スルコアリ、或ハ管ノ一方ニ緊着セ

ル木片若シクハ、金屬ノ板ニ記スコモアリ。此階級ヲ定ムルニハ、先

ヅ、第一ニ、常ニ變更セザル二定點ヲ確定セザル可ラズ。而シテ、氷ハ、

常ニ同一ノ度ニテ溶解スルニ由リ、是ヲ第一ノ定點トス。又、水ハ、一

定ノ温度ニ達スレバ、沸騰スルニ由リ、是ヲ第二ノ定點トスルナリ。

此二定點ノ間ヲ細小ニ分割シタル者ヲ度ト名ツク。例ヘバ、32ト

レバ、三十二度ナルノ類是ナリ。而シテ是ヲ分割スルニ種々ノ法ア

ナルカヲ指示スルノ器械ナリ。何故ニ、吾等ハ斯ル器械ヲ要スルゾ

ト云フニ、誰ニテモ、物ノ寒暖ハ、自ヲ知リ得ベシト考フルコトナレ氏、

其實吾等ノ感覺ハ、信任スベキ者ニアラズ、厲ニ是ニ誤ラル、コ多シ。

是レ此器械ノ必要ナル所以ナリ。

爰ニ、感覺ノ信ズベカラザルノ的例アリ、今三個ノコツプ（Cup）ヲ取リ、

第一ノコツプニハ、冷水ヲ注ギ第二ノコツプニハ、微溫湯ヲ注ギ第

三ノコツプニハ、溫湯ヲ注グ可シ。然ル後ニ、一指ヲ溫湯中ニ入レ他

ノ一指ヲ冷水中ニ入レ暫クシテ其兩指ヲ同時ニ、微溫湯ノ中ニ入

ル可シ。然ルトキハ、冷水中ニアリシ一指ハ、快キ溫暖ヲ感シ溫湯中ニ

アリシ一指ハ、快キ寒冷ヲ感ズルナラン。此ノ如ク吾等ノ感覺ハ信

任スベカラザルガ故ニ吾等ハ比較ノ方法ヲ用ヒテ其感覺ヲ補正

セザル可ラズ。是ヲ補正スルノ器械ハ、何ゾ寒暖計是ナリ。

四十七

然レトモ戸外ニ於テ遊戲シ、若シクハ他ノ共同建築ヲ爲ス時ハ相互ニ協力シテ、極テ親密ナル者トス。

海狸ノ齒ハ極テ銳尖ナルニシテ、常ニ樹枝ヲ嚙ミ切リ若シクハ、小サキ幹ヲ嚙ミ倒スコトアリ。而シテ是ヲ嚙ミ切リタル痕ハ、小刀ヲ以テ切リタルニ異ナラズ是等ノ樹ハ其家ト水堰トヲ修復スルノ用ニ供シ、其樹皮ハ剝ギ取リテ食料ト爲スナリ。其性タル殊ニ細心ニシテ、預防ヲ怠ラズ、苟モ敵ノ襲ヒ來ル等ノ如キ事アレバ其尾ヲ以テ强ク水面ヲ打ツナリ。然ルトハ戸外ノ海狸ハ此合圖ヲ聞キ、直ニ水ヲ潛リテ家ニ歸ルトゾ。

　　　　第十五課　寒暖計

寒暖計ハ此物ガ彼物ヨリ寒キカ、暖ナルカ、或ハ其寒暖ノ差ハ、幾何

横斷スル水堰ノ方向ハ、常ニ直線ナレ圧ハ、水堰ノ形

狀穹窿ナルヲ常トス是レ水勢ヲ緩和ナラシメンガ為ナリ其水堰

ヲ建ツルノ材料ハ海狸ノ囓ミ切リタル樹枝若シクハ泥土小石ノ

類ヲ用フルナリ而シテ其樹枝中ニハ柳樺等アリテ後ニハ根ヲ出

ダシテ繁茂スルコトアリ故ニ其水堰ヲ一見スルトキハ、水中ニ生墻ア

ルガ如シ。

海狸ノ家ハ、水堰ノ如クニ堅牢ナルヲ若ニアラヲ其家ノ中ニ於テ、眠

食スベキ處ノミハ、水ノ侵入セザランコヲ務ム其材料ハ水堰ノ材

料ト少シモ異ナラズ其屋頂ハ圓形ニシテ外觀恰モ蜂ノ巢ノ如シ。

其壁ノ厚サハ通例五六尺アリト云フ若シ又數箇ノ海狸棲息スル

ニ足ルベキ大屋ナルトキハ是ヲ三四室ニ區分シ其各室ニハ夫妻雙

棲シテ曾テ其隣室ニ往來セズ又他ヨリ歸ルモ其室ヲ誤ルコトナシ。

四十五

二減少シタリト云ヘリ．

海狸ハ、水陸兩棲ノ動物ニシテ、殊ニ奇トスヘキハ己ノ家ヲ構造シ、

且水堰ヲ建ツルノ

二事、即チ是ナリ。先

ツ、初ニ水堰ヲ建テ

テ、河水ノ侵入ヲ防

ギ、以テ常ニ同一ノ

水準ヲ保ツナリ其

水堰ノ形狀ハ河流

ノ緩急ニ由テ各相

同ジカラズ若シ河

流緩ナルトキハ、是ヲ

四十四

海狸

二大地ニ跪キテ、上帝ヲ拜シ更ニ起チテ劍ヲ拔キ國旗ヲ地上ニ建

テ、以テ此地ヲ西班國王ノ所領トナセリ。然シテ此島ヲサンサル

ウァドル (San Salvador) ト名ヅケタリシガ當時只印度ノ一島ニ來リシ

コト信ゼシニ由リ、今猶是等ノ諸島ヲ西印度ト呼ビ、其土人ヲパ印

度人ト云ヘリ。是レ即チ亞米利加發見ノ概略ナリ。

執拗 カタイヂ ナルコ。

艀舟 ハシケ ブネ。

第十四課　海狸

海狸ハ、鼠兎栗鼠等ノ種族ニシテ、北亞米利加及歐羅巴ノ湖河ニ棲

息スル獸類ナリ。体ノ大サハ三尺餘アリテ、其毛皮ハ殊ニ價アル者

トス。故ニ毛皮ノ爲ニ獵獲セラル、コ少シトセズ。每年亞米利加ヨ

リ歐羅巴ニ輸出スル毛皮ハ、十萬以上ナリシガ、今日ニ至リテハ、大

テ、天明ヲ待ッ已ニシテ東天、

漸ク微光ヲ顯スニ及ビ、一帶

ノ陸地、其前ニ突起シ、森林欝

葱トシテ眼ニ映ジタリ、船中

ノ人々、是ヲ見テ、大ニ驚喜シ

タリシガ、中ニモ、**コロンブス**

ハ多年ノ宿望ヲ達シ、其喜ハ、

言語ニモ顯スコ能ハザリシ

ナラン。

コロンブスハ身ニ禮服ヲ着

ケ、手ニ西班ノ國旗ヲ携ヘ、艀

舟ニ乘リテ、第一ニ上陸シ、直

陸上ノスブンロコ

四十二

地ヲ發見セザレバ、直ニ本國ニ歸ルベキコヲ約シタリキ。

船猶進行スルニ從ヒ、陸地ニ接近スルノ兆候、愈明白トナレリ。或ハ、

草類ノ、水面ニ流ル、アリ、或ハ果實ノ附キタル樹枝、水面ニ浮ブア

リ、或ハ彫物シタル橈ノ流レ來ルアリ。是等ノ兆候アリシガ爲ニ、船

中ノ人々モ其夜、眠ニ就ク者ナシ。且コロンブスハ、船室ノ最高處ニ

坐ヲ占メ、暗夜ナレ𪜀、遠近ヲ凝視セリ。其夜十時頃ニ至リ、コロンブ

スハ遙ニ一ノ火光ヲ認メタレ𪜀、眞ニ然リヤ否ヤヲ確信スルコト能

ハズ。因テ從者ニ向ヒテ、是ヲ問ヒタルニ、從者ハ、眞ニ火光ナルコヲ

明言セリ。然ルニ、其火光ヲ注視スルニ、進ムガ如ク退クガ如シ。故ニ、

陸地上ニテ、人ノ是ヲ携フル物ナルコヲ知レリ。

午前二時ニ至リ、前船ヨリ忽チ一發ノ號砲ヲ放チタリ。是レ陸地ヲ

發見セシ事ヲ示サンガ爲ナリ。是ニ於テ、三船皆齊シク進行ヲ止メ

四十一

二ニ西ニ進ムニ隨テ、陸地ニ近キ種々ノ兆候ヲ見ルニ至レリ、即チ水

面ニ野草ト海草トノ浮ブアリ、又ハ陸生ノ鳥類、遠ク飛翔スルアリ。

是ガ爲ニ船中ノ人々ハ、時々陸地アリ、陸地アリトノ聲ニ驚起シ、奮

ヒテ其處ニ至レバ、只密雲ノ天ヲ蔽フノミナリキ。

巳ニシテ、船進行スルコト、數日ナレ圧、更ニ陸地ニ達スルコトナシ、是ニ

於テ水夫ハ、コロンブスノ執拗ナルヲ怨望シ、相共ニ云ヘルヤウ、コ

ロンブスハ恐ラク、ハ狂人ナルベシ、彼ヲ命令ニ從テ斯ク進行スルヰ

ハ、吾等ノ生命モ、如何ニナルベキカ知ルベカラズ、故ニ、吾等ハ彼ヲ

海中ニ投ジ、本國ニ歸ルノ日ハ彼レ誤リテ自ヲ溺死セリト云ハン

ト約スルニ至レリ、此際ニアリテ、コロンブスハ、ヒトリ沈着シテ、是

等ヲ意トセズ、斷然トシテ猶船ノ進路ヲ西ニ取リタリ、然レ圧、水夫

ノ怨言、日ニ甚シキニ由リ、コロンブスハ、水夫ニ向ヒ、此三日間ニ陸

四十

テ船ノ修復ヲ爲シ、世人ガ、鬼蜮ノ住處ト認メタル大洋ニ向ヒテ、更

ニ進行セリ。是ニ至リ勇剛果敢ノ水夫モ皆涕ヲ流シテ、再ビ最愛ノ

家國ニ歸ルベ可ラザルヲ嘆ゼリ。獨コロンブスハ毅然トシテ動カズ、

温言ヲ以テ其水夫ヲ慰諭シ、或ハ顔色ヲ正シテ其卑屈心ヲ嚴戒セ

リ。然ルニ東風船ヲ吹キテ、是ヲ西方ニノミ進マシメ、カナリー島ヲ

出デ、ヨリ已ニ一月ヲ經ルニ至レリ。コロンブスハ日ニ其進航ノ

海程ヲ測算シテ、既ニ西班ヨリ二千哩ノ地ニ進ミタルヲ知レリ．

埠頭ナリ。ハトバ

鬼蜮ノ井。オニナド ル

第十三課　亞米利加發見　二

斯ク船ノ西方ニ進行スルノ際ニハ、或ハ陸地ニ達ス可ラザルカト

恐ル、「コ」モアリ、或ハ陸地ニ達スベシト樂ム「コ」モアリ。然ルニ次第

三十九

圖之線路海航 スブンロコ

船進ムコ六日ニ
シテ、**カナリー島**
（Canary）ニ達セリ。

此島ハ亞非利加
ノ一島ニシテ、西
班ノ屬地ナリ歐
羅巴人ノ往來ス
ルハ此島ヲ限ト
爲シ其以西ニハ、
嘗テ進行セシ者
アルコナシ。**コロ
ンブス**ハ此島ニ

ミ來レリ°其人數ハ、幾許ナルゾト云フニ、總テ一百二十八ナリ°

已ニシテ船將、水夫トモ皆三艘ノ船ニ乘リ込ミタリ°是ニ於テ其三

艘ハ、西班ノ國旗ヲ飜シ、各帆ヲ揚ゲテ徐ニ西方ニ進ミ行ケリ°數百

ノ人民、是ヲ見テ、高ク手ヲ舉ゲテ別ヲ惜ムモアリ、或ハ涙ヲ呑ミテ、

永訣ヲ悲ムモアリ°船漸ク進ミテ水烟模糊ノ裡ニ隱ルヽニ及ビ、人

人皆悲泣シテ各家ニ還レリ°

此三艘ヲ指揮スル人ハ果シテ誰ナルゾ°即チ以太利ノゼノア(Genoa)

ニ生レタルクリストフル、コロンブス(Christopher Columbus)ナリ°而シ

テ今、コロンブスハ何處ニ向ヒテ進行スルゾト云フニ、印度ニ接ス

ル極東ノ陸地ナルジパングー(jipangu)即チ我日本國ニ航行セント

欲セシナリ°是レ蓋コロンブスガ歐羅巴ヨリ西ニ向ヒテ進行スレ

バ必ズ亞細亞ノ印度ノ極東ニ達スベシト推算セシニ由ルナリ°

我等ハ、今ヨリ四百年前ニ生レテ西班ノ一港ニ佇立セリト想像ス

ベシ、其西班ハ歐羅巴洲ノ一王國ニシテ其地位ハ大西洋ニ面セリ

其海岸ニ一小港アリ是ヲパロース(Palos)ト云ヘリ即チ今吾等ノ佇

立スル處ナリ其時ハ八月三日ノ朝ニシテ旭日未ダ上ラザルニ先

ダチ、數百ノ人民來リテ埠頭ニ群集セリ、是レ何ヲ見ンガ爲ナルゾ」

此港ニ奇形ナル三艘ノ舶ヲ繋泊セリ其二艘ハ甲板ヲモ備ヘザル

圓形ノ船ナレ旺、其一艘ハ形、大ニシテ、甲板ヲ備ヘタリ、數百ノ人民

ハ待ツ所アル者ノ如クナリシガ、ヤガテ、一列ノ船客、徐ニ埠頭ニ向

ヒテ進行シ來レリ、第一ニハ、數名ノ僧徒、神歌ヲ唱ヘテ進ミ、其次ニ

ハ、船將トモ、見ユベキ四十歳前後ノ偉男子進ミ來レリ、其容貌ニ威ア

リテ猛カヲズ、隱然トシテ、百難ニ當ルモ、屈撓セザルノ風ヲ具ヘタ

リ、其傍ニ二人ノ船將ト水先案內ト隨從シ、其次ニハ、數多ノ水夫進

リケル位牌ノ裏ニ一首ノ歌ヲヾ書カレケル。

難波潟鹽干ニ遠キ月影ノ、マタ元ノ江ニ、スマザラメヤハ、

禪門諸國斗藪畢リテ鎌倉ニ歸リ絵フト均シク此位牌ヲ召シ出ダ

シ押領セシ地頭ガ所帶ヲ沒收シテ、尼公ガ本領ノ上ニ副ヘテヾ是

ヲ給ヒタリケル。

此外到ル所ゴトニ、人ノ善惡ヲ尋ネ聞キテ委シク記シ付ケヲレシ

カバ、善人ニハ賞ヲ與ヘ惡者ニハ罰ヲ加ヘラレケル事勝ゲテ計フ

ベカラズサレバ國ニハ守護國司所ニハ地頭領家威アリテ驕ラズ、

隱シテモ僻事ヲセズ、世淳素ニ歸シ、民ノ家々豊ナリ。太平記

太守 武藏守北條泰時ナリ.　斗藪 行脚ト云フニ同ジ。

第十二課　亞米利加發見　一

三十五

時不幸ナル尼ノ物語ヲ聴クノ圖

木郷刀

獨ノ身ト成リテ、麻ノ衣ノ
アサマシク、垣面ノ柴ノシ
バシバモ、ナガラフベキ心
地侍ラネバ、袖ノミ濡ル、
露ノ身ノ消エヌ程ト世
ヲ渡ル、朝食ノ烟ノ心細サ、
只推シ量リ給ヘト委シク
是ヲ語リテ、涙ニノミゾ咽
ビケル、斗藪ノ聖ツクツク
ト是ヲ聞キテ、餘リニ哀ニ
覺エテ、笈ノ中ヨリ、小硯取
リ出ダシ、卓ノ上ニ立テタ

三十四

テモ甲斐ナシト、侘ビケルヲ、サリトテハ、日モハヤ暮レハテヌ、又間

フベキ里モ遠ケレバ、柾ゲテ一夜ヲ明カシ侍ラント、兎角云ヒ侘ビ

テ留マリヌ。旅寝ノ床ニ、秋深ケテ、浦風寒クナルマ、ニ折リ焚ク葦

ノヨモスガラヲ臥シ侘ビテコソ明カシケレ。

朝ニ成リヌレバ、主ノ尼公手ヅカラ飯匙取ル音シテ、椎ノ葉折リ敷

キタル上ニ、飼盛リテ持チ出デ來タリ。カヒガヒシクハ見エナガラ、

カ丶ル態ナドニ馴レタル人トモ見エネバ覺束ナク覺エテナドヤ、

御内ニ召シ仕ハル丶人ハ候ハヌヤラント間ヒ給ヘバ尼公泣キサ

候ヘバコソ我ハ親ノ讓ヲ得テ此所ノ一分ノ領主ニテ候ヒシガ、夫

ニモ後レ子ニモ別レテ便ナキ身ト成リハテ候ヒシ後總領某ト申

ス者關東奉公ノ權威ヲ以テ、重代相傳ノ所帶ヲ押ヘ取リテ候ヘド、

京鎌倉ニ參リテ訴訟申スベキ代官モ候ハネバ、此二十餘年、貧窮孤

太守逝去ノ後、父母ヲ背キ、兄弟ヲ失ハントスル訴論出デ來テ、人倫ノ孝行、目ニ添ヘテ衰ヘ、年ニ隨ヒテゾ廢レタル。一人正シケレバ、萬人、ソレニ隨フ。分明ナリ。然ル間猶モ遠國ノ守護國司、地頭、御家人、如何ナル無道猛惡ノ者アリテカ、人ノ所領ヲ押領シ、人民百姓ヲ惱マスラン、自ラ諸國ヲ巡リテ、是ヲ聞カズバ、叶フマジトテ、最明寺ノ時賴禪門密ニ貌ヲヤツシテ、六十餘州ヲ修行シ給フニ、或ル時、攝津國難波ノ浦ニ行キ到リヌ。鹽汲ム海士ノ業共ヲ見給フニ、身ヲ安クシテハ、一日モ叶フマジキ理ヲ感ジテ、旣ニ日暮レケレバ、荒レタル家ノ垣間マバラニ、軒傾キテ、時雨モ月モ、サコソ漏ルラメト、見ユルニ、立寄リテ宿ヲ借リ給ヒケルニ、內ヨリ年老イタル尼公一人出デ、宿ヲ借シ奉ルベキ事ハ安ケレモ、藻鹽草ナヲデハ敷ク物モナク、礒菜ヨリ外ハ進ラスベキ物モ侍ラネバ、中々宿ヲ借シ奉リ

三十二

レ亦水ノ惡シキ力ナラズヤ。

汝ハ、是等ノ事實ヲ能ク心ニ了解セシカ、如何。若シ是ヲ了解セバ、知
識ノ貴キハ、是ヲ應用スルノ如何ニアルコヲ知了スルナヲン只書
籍上ニテ種々ノ事ヲ知リタリトテ、固ヨリ貴ブニ足ラズ。其知リタ
ル事ヲ實地善キ事ニ應用スルニ由テ始テ其貴キヲ生ズルナリ。若
シ然ラズシテ、是ヲ惡シキ方ニノミ用フレバ、反テ世ヲ害シ、人ヲ傷
フコ誠ニ大ナル者アラン。是レ汝等ノ能ク心ニ記スベキ事ナリト。
彼兒童ハ、是ヲ默聽シテ居タリシガ、忽チ大聲ニテ呼ビテ曰ク、我レ、
能ク是ヲ了解セリ、我レ能ク是ヲ了解セリト。

衢巷 _{クワト} _{タヅナ}。

第十一課 北條時賴ノ行脚

老人、是ヲ聞キテ云ヘルヤウ、汝ハ未ダ一ヲ知リテ其二ヲ知ラザル
ナリ。ソレ知識ノ貴ブ可キハ、是ヲ實地ニ應用スルニアルノミ。然レ
バ、是ヲ實地ニ應用スレバ惡シキ力トナルフアリ、善キ力トナルフ
アリ。汝是ヲ知レリヤト。兒童ハ驚キタル顏色ニテ、是レ予ノ解セザ
ル言ナリ。惡シキ力トハ、如何ナル事ナルゾト云ヒテ頻ニ老人ノ顏
ヲ凝視シ居タリ．

老人ハ靜ニ答ヘテ云ヘルヤウ、汝ハ馬ヲ御スルニハ、如何ニスルカ
ト思フヤ衡轡ヲ以テ是ヲ控御スレバ人ヲ乘セテ千里ニ馳騁ス可
ク、物ヲ負ヒテ遠地ニ運搬ス可シ、然レバ衡轡ヲ脱スルフアレバ忽
ニ乘者ヲ落シ貨物ヲ壞ルニ至ル可シ。是レ馬ノ惡シキ力ナラズヤ。
又湖河ノ水ハ稻田ヲ灌漑スルニ闕ク可ラズト雖モ、一朝ニシテ暴
漲泛濫スレバ、堤防ヲ破リ、橋梁ヲ毀ツノ害ハ誠ニ大ナル者ナリ。是

三十

ハ絶エテ無シト云フモ可ナリ其平生、食トスル所ハ概ネ、魚類ナレ
时ニハ他ノ小動物ヲ食フコトナキニアラズ特ニ犬肉ヲ嗜ムコト最
モ甚シ且多數ノ鰐魚群ヲ爲スドハ時ニ大動物ヲ殺スコトアリ犀若
シクハ河馬ヲ殺ス如キ即チ是ナリ。

第十課　知識ノ話

一人ノ兒童、或ル日、一老人ノ家ニ來リ種々ノ談話ヲ爲シタリ其時、
兒童ノ云ヘルヤウ、知識ハ殊ニ貴キ者ナラズヤ今ノ兒童ハ七八歳
ニシテ昔ノ人ノ知ラザル事ヲモ、能ク知了セリ故ニ、今ノ世界ハ、昔
ノ世界ヨリハ、知識ニ富ミタル人多シ是レ人々皆各種ノ書ヲ讀ミ、
各種ノ事ヲ學ビタレバナリ。知識ノ世ヲ益シ人ヲ利スルコト、一ニ何
ゾ此ノ如クニ大ナルヤト。

ノ是ニ近ツクコアレバ尾ヲ揮ヒテ是ヲ一撃シ以テ敵ヲ防グト云

フ。

鰐魚ハ、水陸兩棲ノ者ナレ℡常ニハ池沼湖河ノ水中ニ棲メリ。其水

中ニ在ルㇳハ、游泳自在ニシテ害ヲ爲スコ多シト雖モ、陸地上ニ在

リテハ甚シキ害ヲ爲スコ無シ。是レ体長ク足短グ、且首ノ運動自由

ナラザレバナリ。其進ㇺㇳハ、直線ニ進行スルコ極テ速シト雖モ、進

行中ニ其方向ヲ變ズルハ殊ニ難シ。故ニ、鰐魚ニ逐ハ丶丶ㇳハ身ヲ

他方ニ轉ズレバ忽チ其害ヲ免ルベシト云ヘリ．

鰐魚ノ水中ニ群リ居ル者ニ向ヒテ空球ヲ抛ツㇳハ、是ヲ取ラント

シテ互ニ相爭フノ狀ハ恰モ兒童ガ、フートボール（Foot-ball）ノ遊戯

ヲ爲スニ異ナラズゾ鰐魚ハ、水中ニ在リテスヲ猶且人ヲ攻撃ス

ルコハ稀ナルニ況シテヤ、水邊ニ嬉戯スル兒童ヲ攫去ルガ如キ

クシテ墜ク口底ニ附着セ
リ故ニ昔時ハ鰐魚ニ舌ア
ルコヲ信ズル者ナカリキ
斯ク舌ノ短クシテ動カザ
ルニ由リ昆蟲其口中ニ入
リテ是ヲ煩悶セシムルコ
アリ此時小鳥飛ビ來リテ
其口ニ入リ昆蟲ヲ食ヒ盡
スト雖モ鰐魚ハ己ニ恩ア
ルヲ知リテ毫モ是ヲ害ス
ルコ無シト云ヘリ又其尾
ハ長クシテ強キニ由リ敵

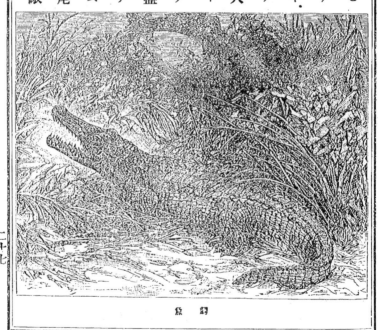

鰐魚

二十七

レバ、三尺ノ土雨フレバ、一街ノ泥ト云フ諺アルハ、是ガ爲ナリ道路、

極テ不潔ニシテ街巷ノ隅角ニハ塵芥汚物積ミテ丘ヲ爲セリ且地

下ニ溝ヲ鑿チテ河ニ通ジ以テ汚水ノ漏泄ニ備フト雖モ近年是ヲ

修理セザルガ爲ニ溝渠概ネ壅塞セリ此故ニ汚水蒸發シテ臭氣ヲ

飛散シ人ヲシテ嘔吐ヲ催サシム。

第九課　鰐魚

鰐魚ハ熱帶地方ニ住ム卵生冷血ノ動物ニシテ、爬蟲類ノ最大ナル

者ナリ其大サハ八九尺ヲ常トスレ圧時ニハ一丈六七尺ニ達スル

者アリ其四肢ハ短クシテ後趾ニ蹼ヲ有セリ体ノ上部ハ脊ヨリ尾

ニ至ルマデ骨質ノ皮ヲ被覆シ銃丸モ是ヲ撃チ破ルコ能ハズ。

頭ハ扁平ニシテ齶頗ル長シ其口中ニハ銳利ナル齒ヲ有シ舌ハ短

右ニ出ヅ正陽大街ハ正陽門ニ對スル廣街ニシテ、其東西ニハ街巷

碁布シ、肆店鱗次シ器皿服飾ノ類盡ク相集メリ其中ニテモ西河沿

ト云ヘル處ニハ每店皆金銀ノ器具ヲ鬻ギ、珠寶市ト云ヘル處ニハ、

每店槪ネ、珠玉、人參、香料等ヲ賣レリ又琉璃厰ト云ヘル處ハ滿巷皆

書肆ト骨董舖トノミニテ、新古ノ書籍法帖書畫ノ類ヨリ肇墨紙、文

房具銅器、磁器等ニ至ルマデ、一トシテ得ベカヲザル者ナシ。

北京ノ土地タル、平野ノ間ニ立チテ、四外廣漠タリ、只西方三里餘ニ、

一帶ノ山〔アルヲ見ルノミ〕氣候不順ニシテ、寒暑節ニ適ハズ夏日ハ、

寒暖計槪ネ、九十度ヲ昇降シ甚シキハ百度ニ踰ュルコトアリ然ルニ、

日ハ寒氣酷烈ニシテ、溝渠河水盡ク氷結シ、寒暖計ハ零度ニ降ル

多シ其土質ハ輕鬆ニシテ、毫モ砂礫ヲ變ヘズ故ニ風吹ケバ塵土、

歲々天ヲ蔽ヒ、雨降レバ泥濘路ヲ沒シテ、車馬通ジ難シ即チ風ナケ

二八條アリ其大街ハ、各城門ニ通シ廣サ凡ソ四丈餘ニシテ、中央ノ

凸起スル所ヲ通路ト爲シ、其左右ヲ便道ト爲ス通路ハ、車馬ノ往來

スル所便道ハ諸人ノ步行スル所ナリ、其大街ニハ、肆店櫛比シテ、各

種ノ物品ヲ販賣スルノミナラズ、猶路上ニ幕ヲ張リ棚ヲ架シテ、日

用ノ雜貨ヲ販グ者多シ、其熱鬧殷賑ナルコト、未ダ他邦ニ其比ヲ見ザ

ルナリ、又街ノ左右ニハ、各小巷數十條ヲ通シ、是ニ住スル者少カ

ズ、滿州蒙古支那ノ軍人モ亦多クハ是ニ住マヘリ。

外城ハ、內城ノ南面ヲ包ム所ノ外廓ニシテ、其周圍ノ城壁ニハ、七門

ヲ穿チタリ、外城ノ南ニハ、天壇アリ、先農壇アリ、天子、歲時此壇ニ臨

ミテ、祭祀ヲ行フヲ例トセリ、其北ハ、五方雜處、百貨輻湊ノ地ニシテ、

大街、四條アリ、小巷ニ至リテハ、數フルニ遑アラズ、街巷ハ、內城ニ比

スレバ、稍狹隘ナリト雖モ、市場ノ雜沓商賣ノ繁榮ナルコトハ遠ク其

ハ此園ノ養フ所ナリ、景山
ハ林木鬱葱トシテ、異花亦
殊ニ多シ、西苑ニハ太液池
アリ、城中ニ於テ最モ幽勝
ノ地トス、

包城ハ、皇城ヲ包ミテ外城
ニ接續スル一區ナリ、其周
圍ノ城壁ニハ、九門アリ、此
中ニハ、諸官衙、寺院等、殊ニ
多ク其建築何レモ宏壯ナ
ラザルハナシ、其他ハ概ネ、
四民ノ居宅ニシテ、大街共

北京ノ市街

二十二

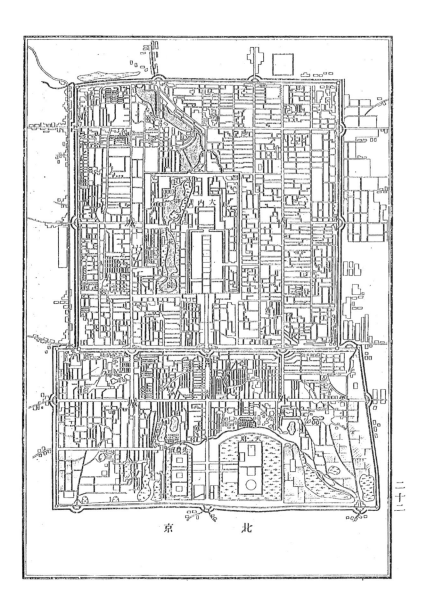

北　京

縣ニ跨レリ。人口凡ッ二百五十萬アリ。其戸數ノ多キハ英吉利ノ倫敦ニ次グト云フ。明朝ノ初メ此地ヲ北平府ト稱シタリシガ、後ニ都ヲ茲ニ遷シテ順天府ト改メ北京ト稱セリ。今ノ清朝滿州ヨリ起リテ明朝ヲ亡シ、支那全國ヲ領スルニ及テ更ニ亦此地ヲ京城ト定メタリ。

北京ハ二城ニ分レタリ。北ヲ内城ト稱シ、南ヲ外城ト云フ。共ニ城壁ト濠トヲ以テ、是ヲ圍ミ處々ニ樓門ヲ穿ツ。其城壁ノ高サハ三丈餘、厚サ二丈アリ。其周圍、方正ニシテ凡ッ八九里アリ。内城ハ又分チテ三區ト爲ス。其中央ヲ大内ト云フ。或ハ紫禁城トモ云ヘリ。即チ清帝ノ居城ナリ。大内ノ外ヲ皇城ト云フ。環ヲスニ亦城壁ヲ以テセリ。此中ニハ清帝ノ大廟アリ。社稷壇アリ、先蠶壇アリ。又其南隅ニ南華園アリ、珍花異草、四時絶ユルコトナシ。元宵牡丹ヲ呈シ、二月瓜ヲ進ムル

歐羅巴洲ニテハ、大不列顛、露西亞、和蘭佛蘭西、獨逸澳地利葡萄牙瑞

西白耳義伊太利丁抹、西班牙瑞典ノ十三國ニシテ通ジテ十九個國

トス。

此條約國ノ中ニ就キ、其大都ノ情況ヲ知ルハ、交通頻繁ノ今日ニア

リテハ殊ニ緊要ノ事ナリトス。今其重ナル都府ヲ舉グレバ、支那ノ

北京、合眾國ノ紐約克、波士敦費拉特費桑方西斯哥英吉利ノ倫敦佛

蘭西ノ巴黎獨逸ノ伯林澳地利ノ維也納伊太利ノ羅馬露西亞ノ聖

波得堡等ニシテ、是レ皆世界屈指ノ都府ナリ。故ニ是ヨリ順次ニ此

等ノ都府ノ情況ヲ記シテ其一斑ヲ示サン。

第八課　北京

北京ハ、一ニ順天府トモ云ヘリ。其地ハ直隸省ニ屬シテ、大與宛平ノ二

吾天皇陛下ト外國ノ帝王若シクハ、大統領トノ間ニ、條約書ヲ交換シ、其國民ヲシテ、互ニ交通貿易セシムル國々ヲヲバ、條約國ト稱スルナリ。其條約國ノ間ニハ、彼此互ニ全權公使ト云ヘル重キ官吏ヲ派遣シテ、外交上ノ事務ヲ掌ラシメ、又各國人民ノ居留スル貿易塲ニハ、其國々ニテ、各領事ヲ置キ貿易上ノ事ヲ提掌セシム。

吾條約國ハ現今十九個國アリ。是等ノ國々ト、吾天皇陛下ガ、條約書ヲ交換セラレシハ、時ニ前後アリト雖モ、今ヲ距ルコ、三十年前ニ徳川幕府ガ、亞米利加合衆國ト假條約書ヲ交換セシヲ以テ始トス爾來、各國來リテ條約ヲ求ムル者、陸續絶エズ、遂ニ十九個國ノ多キニ至レリ。

今其條約國ヲ舉グレバ、亞細亞洲ニテハ、支那、朝鮮、暹羅ノ三國亞米利加洲ニテハ、合衆國祕露ノ二國、大洋洲ニテハ、布哇ノ一國ナリ。又

ハ、強キ變化アリテ、其空氣常ニ乾燥セリ。故ニ何レノ國ニテモ、海ノ
有無ニ由テ、氣候ノ變化ヲ生ジ、又海ノ遠近、方向ハ、其國一年間ノ熱
量ニ著シキ差違ヲ生ズル者トス。

氣候ハ動植物ノ成長ニ著シキ效果ヲ生ズルノミナラズ、人類ノ品
性ニモ、大ニ變化ヲ生ズルノ力アリ。例ヘバ暖國ノ人ハ、其容貌言語
トモ温和ナレヒモ、概ネ事物ニ注意スルノ心ニ乏シク、又忍耐ノ氣力
ヲ闕ク者ノ如シ。然ルニ、寒冷ノ空氣ニ慣レタル人ハ概ネ活潑勇壯
ニシテ、知識アリ、氣力アルヲ常トス。此ノ如ク人ノ品性ニ差違ヲ生
シタルハ、種々ノ原因アルベシト雖モ、氣候ノ效果モ亦與リテ力ア
ル者ナリ。

第七課　條約國

最高ノ熱度ニ達シ、人畜草木トモ、一時ハ是ニ堪フベカラズ。已ニシ
テ、大陽西ニ傾クニ及ビ、砂礫亦忽チ其熱ヲ放射シ去リ、夜ニ入リテ
ハ、非常ノ寒冷ヲ感ズルニ至ルベシ。此ノ如キ情況ハ、海ヲ距ルニ、愈〻
遠キニ從テ、其變化亦愈〻著シ。是レ所謂大陸ノ氣候ナリ。

我國ノ如キハ、地形狹長ナル島國ナルニ由リ、海陸互ニ相接シテ、大
陽ノ熱ヲ受クル度モ、著シキ變化ナシト雖モ、海ト陸トニテハ其氣
候大ニ相同ジカラズ。蓋晝間ニアリテハ、海ノ溫度、陸地ヨリ冷ナリ
ト雖モ、夜間ハ、却テ陸地ヨリ溫暖ナリ。陸地ノ溫度ハ、全ク是ニ反ス。
又一年ノ中ニテモ夏ハ、海ノ氣候陸ヨリ寒冷ニシテ、冬ハ、却テ溫暖
ナリ。是ヲ要スルニ、海ノ氣候ハ四時著シキ變化ナク、大ニ陸地ノ極
寒極熱ヲ輕減シ、其氣候ヲシテ、常ニ中和ナラシムル效アリ。

海ノ氣候ハ斯ク中和ニシテ、其空氣、常ニ溫潤セリ。然ルニ、陸ノ氣候

十七

第六課　氣候ノ話

氣候ハ、水ト陸トノ性質、異ナルニ由テ、大ニ變化ヲ生ズル者ナリ蓋

水ハ多量ノ熱ヲ包含シ得ベシト雖モ、是ヲ他ニ傳導スルコト少シ然

レバ、其蒸發盛ナルニ由リ、蒸發ノ際ニ、水面ノ熱ハ奪ヒ去ラレテ、寒

冷ト爲ルベシ是ニ於テ、寒冷ノ水ハ底ニ沈ミテ、稍温暖ノ水ハ是ニ代

ルハ必然ナリ斯ク寒暖ニ由テ、水ノ交換アルガ爲ニ、其氣候ハ極熱

極寒ニ達スルコトナク、常ニ中和ヲ存スル者ナリ。

陸地ノ氣候ハ、其位置、高低等ニ由テ、變化スベシト雖モ、只陸地ノ性

質ノミニ就テ論ズルモ、海ノ氣候トハ、大ニ異ナル所アリ、蓋地面ヲ

覆フ所ノ砂礫ハ、大陽ノ熱ヲ吸收スルノ速ナルコト、是ヲ水ニ比スル

ニ、幾倍ナルヲ知ラズ而シテ其砂礫ハ固ヨリ水ノ如ク、ニ移動変換

スル者ニアラズ。故ニ、大陽ノ熱ヲ受クルコ強キ所ハ、是ヲ吸收シテ、

将軍、在世ノ日、吾レ輒ク近ヅクコヲ得ズ薨ズルノ後、豊禮節ヲ易フ
ベケンヤト。ソノ從四位下ニ叙セラル、ニ當リ、人ニ謂ヒテ曰ク、功
ナクシテ位ヲ進メラル、ハ恐ラクハ終ヲ保タザルベシ。因テ、吾レ、
是ヲ神ニ祈ラントスト。時ニ僧アリテ、一佛寺ヲ建テナバ治安ナル
ベシト云ヘリ。泰時大ニ怒リ、財ヲ費ヤシ民ヲ害スルハ何ノ治安カ
是レアラントテ遂ニ其僧ヲ放逐セリ。

泰時八年、六十ニシテ卒ス天下ノ士民、是ヲ哀悼スルコ父母ヲ喪フ
ガ如シ。子ノ時氏ハ泰時ニ先ダチテ卒ス因テ、時氏ノ子經時繼ギテ
執權ト爲ル泰時嘗ニ經時ニ謂ヒテ曰ク、政事ヲ爲スハ文ニアリ專
ヲ武斷ヲ用フベカラズト經時殊ニ更務ニ長シタレバ世ノ人祖父
ノ風アリト稱セリ。

式目ノ箇條。オキテ

當直トマリ番ヲスルコ。

十五

時是ヲ聞キテ曰ク嚮ニ和田氏ノ胤長ヲ宥サンコヲ請ヒシニ、先人、

是ヲ流罪ニ處スルモ、和田氏爭フコ能ハズ。是レ只公私如何ニアル

ノミ。苟モ人ノ怨ヲ畏レテ曲直ヲ決セザレバ、安ゾ執權ヲ用ヒン。信

光我ニ於テ何ヲカセント。信光聞キテ大ニ懼レ、書ヲ出ダシテ他ナ

キヲ誓フ。後以テ恆例トス。

泰時、人ト爲リ親族ニ敦シ、嘗テ評定所ニアリテ、弟朝時ノ第ニ寇ス

ル者アルヲ聞キ、直ニ起チテ赴キ援フ。及ビ平盛綱諫メテ曰

ク、是レ小事ノミ。公重職ニ居リ、何ゾ自ラ輕ンズルヤト。泰時曰ク兄

弟難アリ、何ヲカ小事ト曰ハン。苟モ吾親ヲ喪ハヾ、重職モ何ニカセ

ント。泰時ハ又權勢ニ誇ルノ心ナシ。當ニ諸將ト幕府ニ當直シ、老ニ

及ブマデ怠ラズ。又法華堂ニ詣ル毎ニ、堂下ニ拜禮ス。法華堂ハ賴朝

ノ影堂ナリ。寺僧因テ堂ニ登ランコヲ請ヒシニ、泰時ノ云ヘルヤウ、

十四

猶病ヲ治ムルガ如シ。其因ル所ヲ究メズシテ藥スレバ徒ニ病ヲ益スノミ。世ノ治ヲ爲ス者モ其原ヲ察セズシテ濫ニ賞罰ヲ行ヘバ、姦偽、益、作リテ治ヲ望ムベカラズ。足下政ヲ行フニ、自ラ欲心ヲ絶チテ、下ヲ率ヰバ何ノ成ラザル事カコレアラント。泰時、大ニ悦ブ。

常操平生ヨク心ニ守ルコ。

榻サカヅキ。

第五課 北條泰時ノ傳 二

北條義時ノ卒スルニ及ビ、泰時嗣ギテ執權ト爲リ、政所ノ評定ヲ始メ、執權以下ノ諸有司、列席シテ訴訟其他ノ公務ヲ處斷ス。又、三善康連ト議シテ式目五十條ヲ定ム。是ヲ貞永式目ト云フ。嘗テ武田信光ト海野幸氏ト上野信濃ノ界ヲ爭ヒシガ、幸氏證驗アリ。泰時因テ是ヲ斷定シテ幸氏ヲ直トス。時ニ信光是ヲ怨望スト告グル者アリ。泰

タル者ノ家ヲ恤マレシコ
ト、幕府、遂ニ其請ヲ許サ
ズ。

承久ノ亂、泰時諸將ヲ督シ
テ官軍ト戰ヒ、遂ニ是ヲ破
ル。是ニ於テ、時房ト共ニ留
リテ京都ヲ守護シ、六波羅
ノ南北ニ居ル。是ヲ兩六波
羅ト稱ス。時ニ泰時栂尾ノ
僧高辨ノ名ヲ聞キ行キテ
是ヲ訪ヒシニ、高辨泰時ニ
語リテ曰ク國ヲ治ムルハ、

泰時僧高辨ト語ル

九皐堂刀

十二

北條泰時ハ、義時ノ長子ナリ。幼名ヲ淦鐗ト云ヒ、江馬太郎ト稱ス。幼

時ノ言行仁愛謙讓ニシテ稱スルニ足ルベキ者アリ。既ニ長ズルニ

及ビ、和田義盛、北條氏ヲ滅セント謀リシカバ、泰時撃チテ是ヲ破リ、

義盛以下、多ク敗死ス。泰時首虜ヲ幕府ニ獻シ置酒シテ諸將士ヲ勞

シ、且ッ曰ク、吾レ嚮昔宴ニ列シテ、其明朝此事變起リシカバ、直ニ甲

ヲ攬キテ馬ニ上ルト雖モ、宿醉猶未ダ醒メズ因テ心ニ酒ヲ禁ゼン

ト思ヘリ。已ニシテ數十度ノ合戰ヲ爲シ渴シテ水ヲ索メシニ、葛酒

六郎檻ヲ執リテ酒ヲ進ム、我レ又是ヲ飲メリ、何ゾ吾ガ常操ナキノ

甚シキヤ。故ニ、今日ヨリ後必ズ酒ヲ飲マジト。是ニ於テ幕府、功ヲ論

シ賞ヲ行フ。泰時ヒトリ其賞ヲ辭シテ云ヘルヤウ、義盛ハ、モト反心ナ

シ、只臣ガ父ヲ恨ムルノミ。故ニ、臣ハ父ノ仇ヲ擊チタルノミナレバ、

固ヨリ賞ヲ受クルノ理ナシ。願クハ臣ヲ賞スル者ヲ以テ事ニ死シ

十一

海のはじめひと志づく、　　　いろに急けど詮ハなし。
心をこめていつまでも、　　　怠らぬこそよかりけれ。

たとひ多くにわたらぬも、　　唯一藝を修めなば
身の爲となる多からん、　　　蜘蛛に藝あり網をはり、
蜂に能あり蜜つくる。　　　　何とて蟲に及ばざる。

勉め勉めよ、たゆみなく、　　進め進めよ、よどみなく、
難き事とて、厭ふなよ。　　　學の海に、舟路あり、
教の山に、志をりあり。　　　丈夫何ろハ怯るべき。

第四課　北條泰時ノ傳　一

〔矢田部　瓦吉〕

十

軒端に茂る桐の葉ハ、
ことしも、なゝば過ぎぬるを、
吹く秋風にさそはれて、
ふみ讀む人の、知らずやハ。

ひとよの如く、思はれて、
過ぎし月日ハ、長けれど、
螢や雪の光にて、
はづゝしさのみ、身にハそふ。
難波入江のむらあしの、
ふみハ讀めども業ならず、

昔の人の學問ハ、
なほ賢人の嘆あり。
枝に小枝に葉末まで、
さゝいふものゝ、諺に、
只一すぢの道なれど、
今ハ學術多端にて、
いゝて凡夫の能くすべき。
山のはじめハ、一塊去

九

わが學問をすゝめんと、
少年易老の詩を作り、
一生涯ハ、春の夜の、
夢の如しと嘆きけり。

國の東西、世の古今、
人の高卑を問はずして
學びの道に就くものハ、
いろに才能ありとても、
同じ多少の感慨を
起さぬことの、あるべしや。

春の初花秋の月、
夏のみどり葉、冬の雪、
渾て、此世の物事に、
心をとむる時あらば、
過ぎゆく月日省みて、
わが學藝をはげむべし。

池のみぎハの春草の
みじかき夢も、さめぬまに

半ハ勉強シ半ハ怠惰ナル者ニ比スルニ、其進歩ノ著シキコト明白ナ
リ。

又一時ニ、多クノ事業ヲ爲サンコヲ期スベカラズ只已ノ、最モ好ム
所ノ一業ノミニ心ヲ用フルコ、殊ニ緊要ナリトス。且疲勞セルヰハ、
假ヒ業務ニ從事スヽモ決シテ其效果ヲ見ルベカラザルモノナレ
バ此時ニハ宜シク讀書ヲ廢シ、野外遊園ニ逍遙シテ其心ヲ慰ムベ
シ。故ニ、少時モ休憩セザルコハ貴ブベキニアラズ、勉ムベキ時ニハ、
能ク勉メ遊ブベキ時ニハ、能ク遊ブコソ業務ヲ全クスルノ最良法
ナリト云フベケレ。汝等常ニ是ヲ忘ル、コナカルベシ。

第三課　勸學の歌

昔唐土の朱文公、

よに博學のうじなから、

七

可ラズ。

或ハ、日々從事スル業務繁劇ニシテ斯ル餘暇ナシ、故ニ少シク餘暇

ヲ得ルニ至ラバ嚴ニ課程ヲ定メテ勉強スベシト云フ者アリ是等

ノ輩ハ、固ヨリ餘暇アリト雖モ是ヲ利用スルコヲ務メズ、只是ヲ怠

惰ノ口實ト爲スノミ。然ルニ、歳月ハ匆忙トシテ人ヲ待ツコナシ斯

ル怠惰ノ口實ヲ設ケ、悠々トシテ日ヲ消シ、一モ爲ス所ナクシテ一

生ヲ空過スル者多キハ、誠ニ嘆ズベキコナラズヤ故ニ、汝等ハ、今ヨ

リ、今日學バズシテ明日アリト云ヒ、今年學バズシテ來年アリト云

フ如キ念ヲ抱クコナカル可シ。

猶爰ニ汝等ニ教フベキ事アリ凡ソ事ヲ爲スニハ何ノ業務ヲ問ハ

ズ、一意專心ヲ以テ是ニ從事ス可シ、決シテ心ヲ他ニ移ス可ラズ每

日、一二時間ヅ、一意專心ニ讀書ニ勉強スル者ハ、每日十時間ヅ、

緒ナリ。決シテ是ニテ完全セリト云フニアラズ。是レ猶家屋ノ基礎

ノ如シ。其上ニ宏大ノ家屋ヲ建築スルハ、汝等將來ノ勉強ニアルナ

リ。

汝等學校ニアル間ハ、只教師ノ命ヲ奉シテ、勉強スルノミ、自ラ進ミ

テ勉強セントスルノ念ハ、甚ダ乏シキ者ノ如シ。然レモ、一朝學校ヲ

退クトキハ、汝ヲ命令訓戒スルノ教師ナク、又汝ニ事物ノ理ヲ教フル

人モナカル可シ。然ルトキハ、汝ハ、是ヲ如何ニセントス。此時ニ當リテ、自

ヲ進ミテ讀書ヲ勉強セントスルハ、誠ニ容易ノ事ニアラズト雖モ、

常ニ意ヲ用ヒテ、新シキ知識ヲ増スニアラザレバ、已ノ從事スル業

務ヲモ、改良スルコ能ハズ。是ガ爲ニ、先進ノ人タルコ能ハズシテ、常

ニ人後ニ立ツニ至ルハ、必然ナリ。然レバ則チ、毎日、一二時間ヲ讀書

ノ課程ト定メ、其時間中ハ、專ラ意ヲ是ニ用ヒ、敢テ他ノ事ヲ顧ミル

立チ歸レリ住持ハ見テ大ニ驚キ東國ヘ行キ給フト聞キシニ、今又
來レシハ、如何ナル事ニカト問ヒシカバ、先キニ畫キシ檜ノ枝ニ、
一枝足ヲヌ所アリ箱根ニ至リテ其意ヲ得タレバ、直ニ立チ歸リタ
リトテ、一枝ヲ畫キ添ヘ再ビ立チ去レリトゾ元信ハ其藝ニ心ヲ用
フルコ斯ク深カリケレバ今モ猶世ノ人其畫ヲ珍重スルコ、和璧ノ
如クナリト云フ

彩色 エノグノ
コナリ。

和璧 支那ニテ昔卞和ト云フ人
ガ見出シタル寶玉ナリ。

第二課　勉强

汝等ハ此後學校ヲ退キテ、他ノ業務ニ從事ストモ、決シテ讀書ヲ廢
スベカヲズ又學校ニテ已ニ十分、知識ヲ得タルニ由リ、更ニ勉强セ
ザルモ可ナリト思フベカヲズ。是迄、汝等ノ學ビシ所ハ只、教育ノ端

四

ヲ變ヘテ、寐起キスル影ヲ障子ニウツシタリ。明クレバ、元信早ク起
キ出デ、一間ナル杉戸ニ畫キシガ、皆臥シタル鶴ニテ、其筆法誠ニ
絶妙ナリ。斯ク、夜ハ寐ネズシテ、影ヲ障子ニウツシ、明クレバ、ソレヲ
畫キ、十日餘ニシテ其鶴二十五羽ト爲レリ。

其後住持ハ、又、夜深ケテ覗キ見ルニ、此度ハ肘ヲ張リ、足ヲ伸バシ、手
ヲロニ當テツ、鶴ノ臥シタルサマヲ、障子ニウツシ居タリ。明クレ
バ、住持元信ノ居間ニ來リ、今日畫キ給フ鶴ノ姿ハ、カヤウナラント
云ヒテ、昨夜窺ヒタル姿ヲナシテ見セケレバ、元信、大ニ打驚キタリ。
因テ住持ハ、昨夜ノ事ヲ告ゲシカバ、元信ハ其餘ノ二枚ニ畫カズシ
テ、他ノ一間ナル杉戸ニ、檜一本ヲ畫キテ、遂ニ此寺ヲ立チ去リタリ。
斯クテ、元信ハ東國ニ遊バントテ、箱根ニ至リシニ、一本ノ檜ノ枝ノ、
心ニカナヒタルガアリケレバ、東國ニハ至ラズシテ、再ビ一國寺ニ

タル者ナリ．

元信嘗テ此寺ニ寓居シ、ハヤ三年ニモナヲントセシガ、ナニ一ッ畫

キタルコトナケレバ、住持ハ是ヲ見テ、如何ニモ、心得ヌ事カナト思ヒ

テ或ル時、元信ニ云ヘルヤウ、君ハ畫ヲモテ一家ヲ成スト云ヒナガ

ヲ此寺ニ來リテヨリ、未ダ筆ヲ取リタルコトモナク、徒ニ年月ヲ過グ

サルヽハ、如何ゾヤ我レ衣食ノ費ヲ厭フニハアラネド、餘リニ心得

ヌ事ナリト云ヘバ、元信モ氣ノ毒ニ思ヒ、年來ノ恩謝ニ何カ拙畫ヲ

殘シマ井ラセントテ、心構ヘノミニ、又四五日モ過ギシガ絶エテ筆

ヲ取ルコトナカリキ．

或ル時童僧ガ、住持ノ居間ニ夜深ケテ來リ、竊ニ彼處ニ行キテ、畫師

ノ有樣ヲ覗キ見タマヘト云ヒケルニゾ、ヤガテ住持ハ童僧ト共ニ、

元信ノ居間ヲ窺フニ、元信ハ障子ノ腰板ニ身ヲ寄セ、サマザマニ姿

高等小學讀本卷之四

第一課　狩野元信ノ話

凡ソ何事ニテモ己ノ學ビタル者ニ、心ヲ專ニセザレバ、何時マデモ、
上達ノ期ナカル可シ。一科ノ學問ハ言フニ及バズ、一技一藝ニテモ、
眞實ニ己ノ心ヲ是ニ潛メネバ名ヲ後世ニ殘スコ能ハズ。サレバ、世
ニ立チテ己ヲ益シ、人ヲ利セント思ハヾ、專ラ心ヲ一事ニ留ムルコ、
最モ肝要ナル可シ。

昔泉州堺ニ一圓寺ト云ヘル寺アリ。此寺ハ、庭園座敷トモ何トナク
物數奇ノ造リ方ナリ。其一ツノ座敷ノ杉戸ニハ、檜一本ヲ畫キ、又他
ノ座敷ノ杉戸ニハ、臥シタル鶴二十五羽畫キテアリ。何レモ彩色ヲ
施シテ其畫勢凡ナラズ。是レ即チ古法眼元信ノ筆ナリト言ヒ傳ヘ

一

三

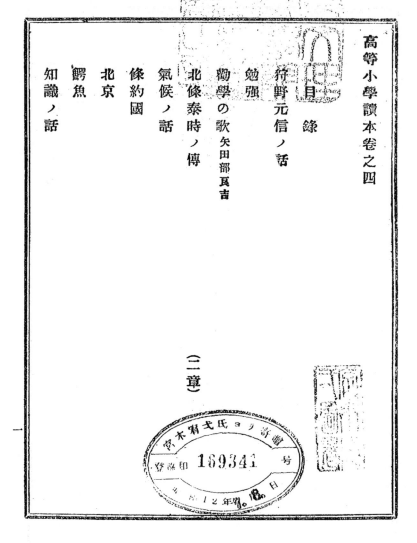

小學校教科用書

高等小學讀本

文部省編輯局

高等小學讀本

四

옮긴이 **이현진**

쓰쿠바대학 대학원 인간종합과학연구과 학교교육학 전공(석사·박사).
저서로 『new스타일일본어』1·2(공저, 동양북스), 『新スラスラ일본어작문』1·2(공저, 제이앤씨)
등이 있다.

상명대학교 한일문화연구소 번역총서 04

고등소학독본 4

1판 1쇄 인쇄__2018년 11월 30일
1판 1쇄 발행__2018년 12월 10일

© 이현진, 2018

옮긴이__이현진
발행인__양정섭

펴낸곳__도서출판 경진
　　　등록__제2010-000004호
　　　이메일__mykyungjin@daum.net
　　　사업장주소__서울특별시 금천구 시흥대로 57길(시흥동) 영광빌딩 203호
　　　전화__070-7550-7776　팩스__02-806-7282

값 22,000원

ISBN 978-89-5996-584-7 94370
ISBN 978-89-5996-492-5 94370(세트)